軽度発達障害児のためのグループセラピー

針塚 進【監修】
遠矢浩一【編著】

ナカニシヤ出版

まえがき

　本書は，軽度発達障害と呼ばれるこどもたちのうち，特に人との関わりに難しさを持つこどものための集団心理療法の在り方について記したものである。
　筆者が教鞭をとる九州大学大学院人間環境学府には，障害や発達上の困難，精神疾患や不登校などの不適応症状を示すこどもの効果的な支援方法を開発するための研究活動を実施すると同時に，臨床心理士を目指す大学院学生のための臨床実習施設として，「総合臨床心理センター（前身は，障害児臨床センター及び発達臨床心理センター）」が設置されている。本書では，このセンターにおいて，ここ10年来実施してきた発達に偏りがあるこどものための集団心理療法の場である「もくもくグループ」の実践について具体的に紹介し，これから，こうしたこどもたちのグループセラピーを行おうとしておられる方々のために，その方法論を解説した。
　もくもくグループを始めた当初は，AD/HD，ましてや高機能自閉症やアスペルガー障害といった発達障害は，その支援の在り方について正面から取り上げられ，議論される機会はごく限られていた。医療の発達に並行して進む障害の重度重複化と，そうしたこどもたちへの対応の仕方についての議論がむしろ盛んであったように記憶している。
　当時，本センターに来談するこどもたちも，主に脳性麻痺や，染色体異常などの先天疾患，あるいは，脳炎後遺症として現れた重度の運動障害といった，明白な心身の機能障害を有するこどもたちの相談が主であった。現在，軽度発達障害（その障害は決して"軽度ではないが"）と呼ばれる症状を抱えるこどもたちについて，大学などの専門機関における「支援の対象」としての認識が医療機関等においても，ましてや，社会一般においても希薄であったことがその原因であろう。
　その頃から，筆者は福岡市を中心とする地域の公的相談機関において，教育相談の役割を担っていた。相談事例を重ねていくにつれて，少しずつではある

が，はっきりと実感していったのは，"障害が重くないと支援の場がない"という事実であった。知的障害を明らかに有している，重度の運動障害を持つ，といったこどもたちには，養護学校や特殊学級が用意されている。しかし，学校教育法施行令第22の3に該当しない場合，通級指導教室での指導を受けることができるごく一部のこどもたちをのぞいて，民間の教育機関や，公的機関における期間限定の療育プログラムに参加できる状態に限られている事実と直面した。一方では，相談のたびに保護者から何とか継続的な療育を受けさせてほしいという切実な訴えを繰り返し耳にした。

そうした教育相談の場で，自閉症やAD/HDなどの障害に限らず，必ずといっていいほど保護者の口から語られていたのは，我が子に「友達がいない」ことであった。人として生活する上で不可欠な対人関係の能力を育む最も重要な学齢期に，小・中学校に通っていながら親密な友人関係を体験できる機会を持てないこどもたちが多いことに心を痛めた。

幸い，筆者は，大学生・大学院生という若い力を多く持つ大学に所属している。さらには，その学生たちは，人の心を理解することを専門として学ぶ，臨床心理士の卵たちである。そうした人材を生かしつつこどもたちを支援できる恵まれた立場にあることにあらためて気付かされた。そうして誕生したのが「もくもくグループ」であった。

平成17年度現在，およそ40名のこどもたちが80名を超える学生セラピストの支援のもとで，6つのグループに分かれ，こどもの特徴に合わせて工夫されたプログラムにおいて活動している。しかし，当初は全くの手探りの状態であった。筆者の「軽い障害や困難を抱えるこどもたちの支援の場を作る」という提案に賛同を示してくれた5，6名ほどの大学院生を中心に，学部生有志にも声をかけ，1年目の終わりにやっとセラピスト26名，こども16名のグループができ上がった。どういった遊びのプログラムを用意すればいいのか，保護者のための相談の場をどのように設ければいいのか，それぞれ違う症状を持つこどもたちをどのようにグループ化すればいいのか，何も手がかりのない状態であった。今，曲がりなりにもグループ・セラピーと呼ぶことができる形態を作り上げてきた，若者たちの努力に頭が下がる思いである。

本書の執筆陣は，この10年の歴史の大半を支えてきた，現在，大学院博士

後期課程学生，研究生，及び大学や精神科病院等に勤務しているOBである。臨床心理学の中でも，主に発達障害児の心理臨床を専門とする若手の臨床心理士たちである。各章に書かれているプログラムやその進め方，留意点など，彼／彼女ら自身が体験し，試行錯誤を重ねた結果，自ら見出してきた方法論である。これから発達障害児のためのグループセラピーを行っていかれる読者の方々に是非ともご参考いただきたい。

　また，本書は，この10年で，もくもくグループの活動に携わり，大学院を修了し，社会で活動する多くのOBたちの努力の結晶でもある。坂口美由紀，川北美輝子，上田祐子，金光肇子諸氏をはじめとする，グループ立ち上げ当時の学生たちの貢献の賜である。

　もくもくグループは，九州大学の臨床心理学・発達心理学系の教員の理解と協力がなければ決して成立しえなかったものである。北山修，野島一彦，田嶌誠一，吉良安之，松崎佳子，大場信恵，神尾陽子，高橋靖恵，福留留美，増田健太郎，大神英裕の教員諸氏に心から感謝の意を申し述べたい。監修者である針塚進氏は，活動プログラムに対する助言，学生に対するsupervision，さらには，本グループの特徴でもある心理劇技法の学生指導において最大の支援を提供してくれた。特に記して深謝したい。九州大学在職中，障害児臨床の中心的指導者として様々な助言と技術を提供いただいた，現，福岡女学院大学，大野博之教授，及び村田子どもメンタルクリニック院長，村田豊久氏には，在職中のご協力・ご指導に対して厚謝申し述べる次第である。現在，東北大学の田中真理氏は，もくもくグループの私の他のもう一人の立役者であり，もくもくグループの名づけ親でもある。グループ立ち上げの際のミーティングを懐かしく思い出しつつ，心から御礼を申し上げたい。

　最後になるが，発達障害児のための集団心理療法の大切さについての筆者の思いを即座にご支持下さり，快く出版をお引き受けいただいたナカニシヤ出版，宍倉由高編集長には，かねてよりの障害児・者，そしてその保護者の方々の支援の必要性へのご理解を含め，心より感謝申し上げたい。また，同出版，山本あかね氏には，言葉使いや言い回しなど，細部にわたるまでのご助言をいただき，頭の下がる思いである。

　発達障害児のための心理・教育的支援の体制作りはまだまだ始まったばかり

である。本書が，こどもたちの発達支援の輪を広げるための一助となることを願っている。

遠矢　浩一
平成 18 年　春

目　　次

まえがき　*i*

第1章　グループセラピーの理論的背景 ……………………………… 1
  1．軽度発達障害児を取り巻く現状　*1*
  2．なぜグループセラピーか―理論的背景―　*3*
  3．グループセラピーをどのように構成するか―視点と留意点―　*7*

第2章　グループセラピーのアレンジメント ………………………… 17
  1．スタッフのアレンジメント　*17*
  2．グループの枠組み　*20*
  3．こどもとプログラムのアレンジメント　*22*
  4．ミーティングのアレンジメント　*23*
  5．発達アセスメント　*24*

第3章　グループセラピーの方法論 …………………………………… 27
  1．はじめに　*27*
  2．もくもくグループの主な方法論　*28*
  3．3つの方法論の比較とまとめ　*35*

第4章　軽い知的発達の遅れを伴う幼児・児童の状況理解・言語表現を促すグループセラピー …………………………………………… 39
  1．グループのこどもの特徴　*39*
  2．セラピーの目的と留意点　*41*
  3．プログラムの進め方　*46*

第5章　自閉的な傾向を伴う小学生の対人的自己調整を促すグループセラピー……57
　1．グループのこどもの特徴　*57*
　2．セラピーの目的と留意点　*59*
　3．プログラムの進め方　*63*

第6章　状況認知の偏りによる対人的困難を示す小学生の自己表現を促すグループセラピー……83
　1．グループのこどもの特徴　*83*
　2．セラピーの目的と留意点　*85*
　3．プログラムと進め方　*91*

第7章　多動性・衝動性による対人的困難を示す小学生の社会的志向性を促すグループセラピー……115
　1．グループのこどもの特徴　*115*
　2．セラピーの目的と留意点　*120*
　3．プログラムの進め方　*125*

第8章　発達的偏りを持つ思春期児童の仲間作りを促すグループセラピー……*143*
　1．グループのこどもの特徴　*143*
　2．セラピーの目的と留意点　*147*
　3．プログラムと進め方　*156*

第9章　グループセラピーにおける親の会……*181*
　1．"親の会"の目的とその取り組み　*181*
　2．"親の会"における具体的な活動　*184*
　3．"親の会"の意義―結びに代えて―　*194*

索　引　*203*

1

グループセラピーの理論的背景

1. 軽度発達障害児を取り巻く現状

(1) 軽度発達障害児支援のニーズ

　平成15 (2003) 年3月,「今後の特別支援教育の在り方について (最終報告)」が出され,通常の小中学校に在席するLD, AD/HD, 高機能自閉症の児童生徒への教育的支援体制の構築について提言された。いわゆる,軽度発達障害といわれるこどもたちである。同時に,「通常の学級に在席する特別な教育的支援を必要とする児童生徒に関する全国実態調査」の結果も示され,LD, AD/HD, 高機能自閉症を含む特別な教育的支援を必要とする児童生徒が,約6.3％の割合で通常の学級に在席していることが明らかとなった。このこどもたちを,学習面,行動面と困難を示す領域で分けてみると,行動面に著しい困難を示す児童生徒が2.9％,学習面及び行動面の双方で著しい困難を示す児童生徒が1.2％であった。この数字は,医師や専門家の判断や診断によるものではないが,学校での指導において教師が強い行動コントロールの難しさを感じるこどもが少なくとも40人学級におよそ1～2人程度はいることを示している。

(2) 現場の実態

　筆者らは，現在，文部科学省の特別支援教育推進体制モデル事業の専門家チームや訪問相談員の立場で通常の小中学校の訪問相談を行う機会が多い。この中で，担任教師がまずはじめに心配の対象として挙げてくるのは，この行動面での問題であることがほとんどである。40人の生徒を一人で指導しなければならない担任教師にとって，たった一人でも，"クラスメートとのトラブルが絶えない"，"授業中立ち歩く，寝ころぶ"，"友達と上手に遊べない"，"ルールに従ってゲームを行うことができない"などの行動を示すこどもがいることで，授業だけでなく，学級経営そのものが難しくなってしまうのである。実際に授業参観に出向いて様子を見せていただくにつけ，担任の立場に立てば，そのご苦労にはなはだ頭が下がる思いになるのである。

　一方で，このように"問題視"されてしまうこどもは，そうした行動をとる自分なりの"理由"をはっきり持っていて，理由を聞いてみると「なるほど」と納得させられることも少なくない。なぜ，友達を叩いたのかと聞いてみると，「わざとぶつかってきたから」とすれちがいざまに肩と肩が"かすった"程度で反撃するAD/HDのこどもがいた。その子には，真冬でも半袖シャツ一枚で過ごす温度感覚の偏りがある一方で，くすぐられる，抱きしめられる，触られるといった触感覚に過敏性があった。叩く行為で"反撃"してしまうことは容認されるべきものではないが，ぶつかって"痛かった"ことは紛れもない事実なのである。

　また，ある高機能自閉症のこどもは，大好きな"だるまさんがころんだ"でみんなで遊んでいるときにパニックになってしまった。大声を上げて泣きながら語っているそのことばを聞いてみると，「だるまさんがころんだ」とオニが言っている間は，"3歩"しか動いてはいけないという信念があるようであった。普通に数歩動いてしまう友達のことが許せないのである。たとえ，他者には通用しないルールであっても，本人にとっては，決まり事であって，破ってはならないものなのである。

　こうしたルールに従う"忠実性"は高機能自閉症のこどもたちの高い能力の一つであるが，その律儀さが，集団適応を難しくしてしまうことも多い。新聞破りで遊んだ後に，その新聞をポリ袋に入れて，大きなボールを作り，みんな

でドッジボールを始めようとすると，一人のこどもが部屋を飛び出してパニックになってしまった。古新聞は，きちんと束ねてリサイクルに出さなければいけないからであった。

2. なぜグループセラピーか―理論的背景―

(1) 行動困難に対するアプローチ

1) 行動的アプローチにおける機能的アセスメント　発達障害児の行動上の困難を解決していくためのアプローチの中で，近年，注目され効果を上げているものの一つが，行動的立場から行われる機能的アセスメント（Functional Assesment：O'Neil *et al.*, 1997）であろう。機能的アセスメントにおいては，望ましくない行動に関係している，あるいは，関係していない特定の要因を計画的に操作し，環境を操作している間，行動を計画的にモニターし，そのことにより環境要因と望ましくない行動の生起・非生起に関係があるかどうかを検討する機能分析が最も重視されている。機能分析から，生起する行動に，感覚希求，逃避，注目要求，物的要求など，どのような動機が該当するのかが推定されていく。

2) 行動的アプローチと情動状態　行動的アプローチは，個人の示した「望ましくない行動」と，周囲の人々を含む意味での「環境」との対応関係から，結果として問題となった行動の意味を理解しようとする個人−環境相互作用論ということができる。しかしながら，行動的立場は，行動に関する要因を，その人の内的環境及び外的環境の中に同定しようとする立場（園山，2000）であり，相互作用とはいえ，気持ちや感情など，我々が情動と呼ぶ状態について取り扱うものでは必ずしもない。"室内の気温が上がる" → "席に長時間座れなくなる" という，環境と行動の対応関係について扱っているのであって，その時に，暑くて"いらいらした"かどうかについて語らないのである。Drifte (2004) は，行動の機能分析という考え方から，例えば，「ウォルターは，ミナに対してとても乱暴になり，彼女を困らせた」という記述は，機能分析的には不適切で，ミナに対してウォルターが何をしていたのか，ミナの反応がどうだったかについての有用な情報を何らもたらさない，と述べている。この記述に

典型的に表れているように，行動を観察する客観的立場から明らかになることはあくまでも行動的事実であって，情動や情緒と呼ばれる状態にまでは言及しない。

(2) 発達障害児と情動理解

望ましくない行動のコントロールという視点からいえば，こうした行動的アプローチは紛れもなく有効である。しかし，そうしたアプローチを取り入れながら，障害児の発達支援に携わる者にとって問題であり続けるのは，一連の"心の理論"研究（Baron-Cohen, Leslie & Flith, 1985 他）で明らかにされてきたような，発達障害児の"他者の情動状態の理解の困難"にどのようにアプローチするのか，という課題である。行動コントロールの問題が，他者の気持ちや考えを理解できないことから引き起こされていることが多いからである。

1）情動理解の原点　他者の情動や態度を理解する能力について考えてみよう。Trevarthen（1979）は，彼が第1次相互主観性（primary intersubjectivity）と呼ぶ，情動や感情などの心的な状態を容易に検出し，相手と関わっていく感受性を人は生まれ持っているとした。この能力によって，生まれたばかりの乳児でさえ，母親の情動や感情を直接，知覚することができるとされる。一方，9ヶ月頃こどもは，対象や外界の出来事についての体験を他者と共有できるということについての気付きを示すようになり，親しい人や見知らぬ人にも物を見せたり，物と養育者の目を交互に見，社会的参照を行うことで養育者の情動を引き付けようとするようになる。いわば対象に対する他者の情動や態度に対する感受性を発達させた証拠で，これが第2次相互主観性（secondary intersubjectivity）と呼ばれる。言い換えれば，物を介さずに母親と乳児の間で直接，情動や態度などの心的状態を知覚する生得的能力が第1次相互主観性，後に発達する能力で，対象が加わった3項関係の中で他者の対象に対する心的状態を知覚する能力が第2次相互主観性である。自閉症研究者である Hobson（1993）は，そうした生得的な相互主観的能力を，自閉症児がうまく獲得できていないことを様々な研究を紹介しながら説明した。自閉症は，発達障害と呼ばれるものの中でも，対人行動の困難を特徴とする典型的な障害である。

2）相互主観性のための生物学的要素　それでは，Hobson にとって，他者

と相互主観的に関わるための生物学的に備わった重要な要素とは何かということになるが，それが，「我－それ関係（I-It relatedness）」に対する「我－汝関係（I-thou relatedness）」である。自閉症者は「我－それ関係」は発達させていても，「我－汝関係」に困難があるという。自分と物との関係は適切にとることはできても，自分と相手という個人と個人の間の関係をうまくとることができない，ましてや，ある他者が何かの対象に対して向けた態度に関わっていくというのは困難であるというのが自閉症の障害だということである。

3）目に見える物に対する態度の視覚的知覚能力の重要性 Hobson は「我－汝関係」を発達させる背景に，「視覚的に特定される世界に向けられた他者の外志向的な心理学的態度を知覚する幼児の能力」を指摘した。目に見える相手や物に対して他者がとっている心的状態を知覚する能力を対人関係の基盤と考えているのである。Hobson によれば，こどもは，ある対象が自分自身に対して持つ意味と，誰か他の人に対して持つ意味との違いをも認識しなければならない。すなわち，人とうまく関わっていくためには，ある対象が自分にとって持つ意味から離れて，他者にとっての意味を理解するということが重要だというのである。例えば，マッチ箱をトラックに見立てて遊んでいる A 君のところに B 君がやってきて，その遊びに加わろうとしていたとする。この時，B 君は A 君が遊んでいるマッチ箱は「マッチの入っている箱」ではなくて，「トラック」に見立てられているということ，A 君は，マッチ箱に対して通常「トラック」に向けてとる態度をとっていることを知覚しなければ，トラックへの見立て遊びは 2 人の間で成立しようがないのである。こうした他者と物の関係性だけではなく，例えば，A 君が B 君に深刻な相談事をしている時に，A 君が B 君に向ける態度を"深刻な状態"として適切に知覚できなければ，第三者である C 君は A 君と B 君の関係の中にうまく入り込むことはできないのである。このように Hobson がいう相互主観的な他者との関係性には，単に自分と物，相手と物といういわゆる 2 項関係だけでなく，物に向けられた他者の態度をも考慮に入れた 3 項関係（relatedness triangle）を含み入れて捉えていることに注意する必要がある。

目に見える物に対して他者がとっている心的状態を知覚する能力の重要性については，相互主観性について最初に述べた，Trevarthen ら（1998）も指摘し

ている。Trevarthen ら（1998）は Hobson が，他者が心を持つという知識を獲得する際の身体運動の重要性を認識しているという点で認知中心主義の理論家たちと異なると述べた上で，Hobson（1990）が仮定した，心の知識の獲得プロセスの3段階を紹介している。その3段階の第1は「自己についての概念を獲得すること」，第2は「自分自身と他者との間に，他者の身体的表現を観察することによって関係を確立すること」，第3は「自分の主観的体験と他者の身体的な見えの関係を類推することを通して関係性（relation）を発達させること」である。つまり，Hobson（1990）がこども自身の体験を他者の身体運動である表情や身振りの中に投映することを通して他者の心の状態を推測できるようになるということを述べた点を評価しているわけである。

4）感じること・体験すること　　Hobson の理論でもう一つ重要なことは，「対人関係は，目に見える形で表に現れるだけではなくて，感じられ，体験されるもの」と捉えていることである。Hobson は，自閉症児の社会的相互作用における障害は，同時に自閉症児が，相互性の体験，相補性の体験，他者との心理学的関係性の体験，及び他者とは自分が異なるのだという体験において困難があるということを意味すると述べている。客観性を追求しようとする実証主義的な研究や立場は，このような「感じ」，「体験」などといった用語を排除する傾向にあるが，こどもの発達支援を考える時，こうした視点を重視することが，より，実用的な支援に繋がるように思われる。

（3）情動の理解と行動

　発達障害児の発達支援に携わっている者であれば，誰しも経験していることであるが，こども同士ではトラブルが頻発するこどもであっても，大人であるセラピストと2人きりで遊ぶと，わがままでもなく，自分勝手でもなく，とても"楽しく"遊ぶことができる場合が多い。むしろ，なぜ，この子が学校でそんなにトラブルを起こすのだろうと不思議に思ってしまうことも少なくない。しかし，現実には，担任の連絡帳に，毎日のように，「友達を叩きました」，「物を投げました」と書かれてこどもは家に帰ってくるのである。

　セラピストと2人きりの遊びの中で，トラブルが起こらないのは，先の行動的立場から解釈すればその理由ははっきりしている。専門家であるセラピスト

は，こどもの行動コントロールを乱れさせる環境要因を察知し，そうした状況を排除した遊び場面を直観的に，あるいは，計画的に，作り上げることができているからである。ところが学校ではそうはいかない。クラスメートはこどもである。望ましくない行動を刺激するきっかけとなる環境要因は頻発するのである。だからといって，担任に，環境要因の調整を十分に行ってくれるようお願いしても，40人のこどもの指導を一手に担わねばならぬ担任にとっては，容易なことではないのである。

　そうなると，考慮すべきことは何であろうか。環境調整だけでなく，"他者が環境や自分に対してとる態度を状況に見合った形で適切に直観する"力を育てるための方法を考えることである。Hobsonのいう「視覚的に特定される世界に向けられた他者の外志向的な心理学的態度を知覚する能力」を育て，「自分の主観的体験と他者の身体的な見えの関係を類推することを通して関係性を発達」させ，同時に「相互性の体験，相補性の体験，他者との心理学的関係性の体験，及び他者とは自分が異なるのだという体験をもたらす」機会を提供するのである。我々は，それが「グループセラピー」の場であると考えている。

3. グループセラピーをどのように構成するか―視点と留意点―

(1) こどもにとっての居場所

　我々大人が，こどもの発達支援を考える時忘れてはならないのが，こどもの"心のやすらぎ"である。障害の軽重にかかわらず，発達に障害を持つこどもたちは，自らの認知特性や行動特性から，少なからず，学校生活や家庭生活におけるストレスにさらされている状況にある。遠矢（2002）は，大学生を対象に，自らAD/HD的傾向を認識する者がこれまで成長してくる過程でどういった不安や悩みを抱えてきたのかについて調査した。その結果，自分の多動性，衝動性，不注意傾向を認識する者ほど，他者とのコミュニケーションのずれ，気分のうつろいやすさ，他者の語ることばの理解の難しさなど，様々な側面において困難を感じながら生活してきたことが明らかとなった（表1-1）。この調査の対象は，高校を無事卒業し，通常の学生生活を送っている大学生，つまり，社会適応を比較的うまく果たしている青年たちである。我々が，通常の学級に

表1-1　AD/HD傾向と関連の深い項目

不注意	多動性	衝動性
計画性の低さ	計画性の低さ	社会的逸脱行動傾向
社会的逸脱行動傾向	衝動的	言語理解の困難
言語理解の困難	気分の変調性	直感的対処
言語表現の困難	刺激追求傾向	多動性
コミュニケーションのずれの体験	短期集中型対処	
強迫性	中耳炎罹患傾向	

おいて支援を行うべき発達障害児は，こうした大学生たちよりもさらに多くの心理的ストレス場面にさらされていることはいうに及ばない。すなわち，発達支援の場は「療育」の場であるだけでなく，様々な困難を体験し，不安になり，抑うつ的になっているこどもたちの心の癒しのための「居場所」としての機能を果たすことが不可欠なのである。在籍学級では，担任教師が手を焼くこどもが，特別支援教室や通級指導教室に行くと人が変わったように穏やかになることが多い理由は想像に難くない。そこが居場所になっているからである。

(2) 友人関係の体験

こどもが，友人との関わりを通して社会性や道徳性を身に付けることは，学校生活における大きな課題の一つである。しかしながら，発達障害児の多くは，友人関係をうまく築くことができず，クラスでも孤立していることが多い。そのことがさらに2次的なストレスを上積みするという悪循環をもたらす。孤立といっても自ら好んで友人関係を絶っているのではなく，友人への関与の仕方がわからずに，"結果的に"孤立せざるをえない状況に陥っている場合がほとんどである。発達の状況に見合った適切な友人関係を体験できる機会を心から求めていると考えるべきだろう。すなわち，発達支援においては，友人関係の体験が自然な形で，不可避に行われる場面設定がなされることが望ましいのである。グループ活動を通して，友人ができ，やがて，それが家族ぐるみの"親友"となり，親友ができることで行動が安定化していくこどもたちも少なくない。

(3) 相互性の体験

　自閉症やAD/HDのこどもたちに見られる対人的トラブルの多くは，"自己中心的"という表現に象徴される，相手の気持ちがわからない，状況に合わせて行動できない，といった他者との相互的関わりの困難から引き起こされる。日常的な対人行動が，自分から他者へ向けられた"一方向的"なものに偏ってしまっているのである。それゆえ，療育プログラムには，必然的に他者との双方向的なやりとりが生起するべく"仕組まれた"要素が組み入れられなければならない。例えば，追いかける−追いかけられる，動く−待つ，声をかける−声をかけられる，話す−聞くといった役割交替である。グループセラピーの利点の一つは，グループ内に複数のメンバーが存在することで，こうした役割交替が自然に生起する遊びをプログラムとして意図的に組み入れることができることにある。大人によって計画された遊びの中で獲得した役割交替のスキルを日常生活場面における対人行動に波及させることが，グループセラピーにおいてこそ可能なのである。それは，Hobsonの目に見える相互性，相補性についての考え方に通底するところでもある。

(4) 遊びの要素

　グループセラピーを実施する際に忘れてはならないもう一つの要素は，プログラムの"遊び性"である。とりわけ，一人遊びではなく，他者とともに行われる発達的に適切なゲーム（Developmentally Appropriate Games；DAGs）は，こどもに対して効果的であり，動機付けを高め，スキルの発達を促進するといわれる（Reddy, Spencer, Hall & Rubel, 2001）。Reddyらによれば，音楽に合わせてイス取りゲーム，拍手ゲーム，出会いボールゲームなどのDAGsは，こどもたちに，仲間と自然に交わり，それらが使われる流れの中で適切な行動を学習する機会になる。また，自然なプレイの中でこどもたちを治療することは，治療で得られたことをその後も維持し，般化する可能性を増大させる。

　遊び性は，グループ活動参加へのこどもの動機付けを高める。楽しく遊びたいというその気持ちが，今度はルールを守ることへの志向性を高める。そうした志向性は，集団ゲームのスムーズな展開を促す。筆者らはそうした活動を，

セラピューティック・アクティビティと呼んでいる。

　年長児の場合は，集団ゲームをこども自身に企画させることが効果的である。自分が考え，計画した遊びを楽しく展開するために，こどもは，自然と自ら，ルールについて考え始める。自分で考えたルールであるから，"ルール遵守"に対する志向性も必然的に高まる。グループのメンバーそれぞれが遊びを順番に企画し，こどもたちは，他のこどもが提案したルールの下で遊びを楽しむことを相互に繰り返していくうちに，自分だけではなく，他児が設定したルールに基づいて行動することの意味を自然と学習していくことができる。

(5) 臨床心理学的視点—受容と共感—

　このように見てくると，大人とこども，1対1の発達支援だけでなく，同年代のこどもたちの集団の中で，セラピーを構築していくことの意味が浮かび上がってくる。

　一言でいえば，大人のサポートのもとで，居場所としての機能を持つこども集団での遊びを通した関わりの中で，他者の，人や対象に対する態度を直接経験しながら，社会集団における適切な振る舞い方を，自分の行動と対比しながら身に付けていく，ということである。

　とはいえ，対人行動スキルの獲得を目指す，ソーシャルスキルトレーニング的色彩が強くなると，セラピー集団へのこどもたちの定着が必ずしもよくないことに留意すべきである。それは，"こんな時にはこうすべきだ"，"どんな時に，何を考えなければならないか"といった"指導"には，こどもたちは日頃の家庭や学校での"しつけ"の中で辟易としているからである。

　そこには，いわゆる"受容と共感"という臨床心理学的視点と技術が不可欠である。来談者中心療法的遊戯療法（Axline，1947）にあるように，物を破壊したり，セラピストを傷つけるなどの危険な行動については制約を設けるものの，基本的には，クライエントの主体性を重視する考え方は，発達障害児のグループアプローチにおいても忘れてはならないものである。先に，一見，問題と見なされる行動であってもこどもの立場に立てば理解できる理由があることを述べたが，そうした望ましくない行動の背景にあるこどもの"情動体験"をどれだけ受容的に理解しようと努めるか，そして，そうした情動体験は，その

時々において，"今，ここで"の生の体験であって，そのようにしか体験できなかったのだという事実として共感的に関わることが必要であるように思われる。そうした態度は，望ましくない行動の背景にある「事実」としてのこどもにとっての理由を大人に理解させることに繋がるだけでなく，そこには，こどもにとって日常的に繰り返される"否定される"経験を再体験させないという配慮が自ずと生まれるのである。

"受容と共感"で発達障害がよくなるのか？　という非難を耳にする機会がある。答えは，「その通り」である。臨床心理学的アプローチは，障害や疾患そのものを治すために行われるものではない。障害を抱えながらもセラピストや他者との関わりの中で，対象や人，出来事に対する「体験の仕方」（成瀬, 1988）を変えるためのものである。肩と肩がすれちがった時に敵意や被害感を感じるのではなく，"意図的ではない偶然の出来事"として体験できるようになることを促すのである。発達障害を抱える一人の主体であることは認めながら，出来事に対する体験の仕方を変える，そのことで，日常的な対人関係の在り方を変えることを目指すのである。そうした，違った形で出来事を体験し直すことができることそのものを「対人行動スキル」と考えたい。Hobson（1993）のいう，他者の態度の知覚の幅を広げるのである。

(6) グループセラピーにおける集団の均質性

受容と共感とはいうものの，グループ・セラピーはやはり対人行動スキルを身に付けることを目的とした場である。ただ，こどもが集まっていればいいというものではない。そこには，こどもが体験を通して，目指す対人行動スキルを身に付けやすい，集団の"均質性"が求められる。

我々の考える集団の均質化の手がかりが，"知的発達の水準"，"生活年齢"，"行動と思考の柔軟性"，"多動性・衝動性・注意の転導性"，"社会的志向性"である。

1）知的発達水準　WISC-Ⅲやビネーなどの知能検査で測られる知的発達水準について考慮することは，不可欠である。集団遊びには必ずルールが伴う。ルールに従って行動できるかどうかは，ルールを"理解できるかどうか"に負うところが大きい。もちろん，多動・衝動性，自閉性を抱えている場合でもル

ールからは外れることはあるが，まず，知的な発達の遅れの有無を考慮することは重要である。その上で，発達水準と状況理解力に応じたプログラムを組み立てるのである。

2）生活年齢　知的発達水準を考慮することが大切とはいえ，生活年齢を無視してよいわけではない。いわゆるIQと"自尊心"は並行して発達するわけではないからである。知的な遅れがあっても，同年齢集団への"仲間意識"は，定型発達児と変わらず発達していると考える方が望ましい。精神年齢10歳であっても，"中学3年生としてのプライド"は，尊重されねばならず，決して，小学校3年生の知的発達の遅れの小さい集団に，無考慮に放り込んではいけないのである。

3）行動と思考の柔軟性　対人関係をうまく保っていくためには，その時々の他者の発言や行動に合わせて，自らの行動をどれほど柔軟に調整できるかが重要な要素となってくる。集団であれば，プログラムの流れや他の複数のメンバーの行動に合わせてどの程度，自分を調整することができるかどうかが，集団活動の成立を左右する。したがって，例えば，同じ診断名を有するこどもでも，柔軟性の低いこどもは，見通しの持ちやすい，ルーティン化されたプログラムを多用する集団で活動する必要があるし，柔軟性が高ければ，変化に富んだ，臨機応変の行動を求めるプログラムを組むことが可能となる。

4）多動性・衝動性・注意の転導性　他のメンバーの立場や気持ちを考慮した行動を求められるグループセラピーにおいては，グループメンバーに対してどの程度，自分の欲求や感情を抑えつつ関わることができるかも，グループの構成員を考える上で重要な要素となる。容易に気が散りやすく，"気まま"に走り回り，遠慮なく他児の活動に干渉してしまうAD/HDのこどもと，大人や他のこどもたちから関わられなければ，じっとおとなしくしているような"受動型"のこどもに同じプログラムを適用することは，その目的が明確でない限り慎重であるべきである。動きの多いこどもたちには，"動いてもよい"プログラムの中で社会適応能力を少しずつ育むという配慮が必要である。また，他児からの，予測できない干渉に対する柔軟な対応が難しい自閉症児のためには，他児の衝動的な行動から守られた空間を作る配慮が必要である。

5）社会的志向性　行動と思考の柔軟性が低かったり，多動性・衝動性あ

るいは注意の転導性が強く，他者の活動に容易に干渉してしまったりするこどもでも，"他者との関わり"には積極的で，自ら，他のこどもたちとの関わりを求めるこどもと，柔軟性の低さや強い多動性・衝動性を抱えつつ，同時に人との関わりを自ら積極的に求めないこどもたちがいる。

積極的な関わりが多いが，その関与の仕方が不適切な場合と，積極的な関わりそのものが少ない場合のセラピーは，こどもから他者への方向性を持った関わりを，どの程度，大人が援助的に促すか（ファシリテート）という意味において，プログラムが検討されなければならない。

(7) グループの構造

グループセラピーにおけるこどもたちの最終的な目標は，大人のサポートがない小学校や保育園などの通常の教育・保育環境においても，適切な対人行動をとれるようになることにある。そうした移行を目指すグループセラピーにおいては，こどもたちの特性に応じてサポートの量が調整されなければならない。他児の活動への関与が過剰であり，通常の環境において対人行動をうまくコントロールできないこどものセラピーにおいては，望ましくない行動を未然に防ぎ，適切な行動をファシリテートするための大人のサポートが頻繁に必要であるし，そうした行動が少ないこどもにおいては，大人からの行動的サポートは，なるべく控えてこどもの自発的行動の微少な調整にとどめられることが適切である。このような調整を行うことで，大人のサポートなしに通常の環境において適切な対人行動コントロールができるように段階的に繋いでいくのである。そうした集団内における個別のサポートの調整のためには，可能な限り，こども一人ひとりに対する個別の支援が行われることが望ましい。すなわち，一人の大人が一人のこどもを担当しつつ，グループが構成される，"個別支援集団心理療法形式"と呼ぶことのできる支援構造である。

(8) グループセラピーにおける親の会

個別療育では決して得られないグループセラピーの利点は，母親（保護者）同士の情報交換の場を設定できることである。いわゆる「親の会」である。専門家から母親に向けて提供される専門的知識や助言はもちろん重要であるが，

似たような特徴を持ったこどもを育てるという意味で同じ境遇にある他の母親の"生の声"を聞くことができること，そうした"仲間"からこどもも自分も含めて"支持される"体験を持つことができることもグループセラピーのメリットである。

親の会においては，セラピストのコメントを聞きながら自分のこどもの様子を他児との関わりの中で客観的に観察する機会を持つことができることも利点となる。療育相談に訪れる母親の多くは，我が子の気になる行動を過剰に悲観的に捉えていることが多い。しかし，他児と過ごす我が子の様子をセラピストや他児の母親のサポーティブなコメントの元で見ることができることで，我が子の行動の見え方が変化する。そうした母親の気持ちの変化が日常的なこどもに対する関わりを変化させ，こどもの心が安定し，望ましくない行動が減ってくることも少なくないのである。

(9) グループセラピーの意義と視点—まとめ—

いくつかの観点からグループセラピーの意義と視点について述べてきた。あらためてここにまとめてみる。

①行動コントロールの困難を持つ児童は40人学級でも1～2名程度在籍するほど，現場の支援ニーズは高い。行動コントロールの問題を解決するためには，行動的アプローチにおける機能的アセスメントによる環境調整等だけでなく，「他者の情動状態の理解の困難」にアプローチできる方法論を考える必要がある。

②そのための視点として，Hobsonのいう「視覚的に特定される世界に向けられた他者の外志向的な心理学的態度を知覚する能力」を育て，「自分の主観的体験と他者の身体的な見えの関係を類推することを通して関係性を発達」させ，同時に「相互性の体験，相補性の体験，他者との心理学的関係性の体験，及び他者とは自分が異なるのだという体験をもたらす」機会を提供できる「集団」の設定という視点が有用である。

③グループセラピーの場は，療育のためだけでなく，こどもにとっての"居場所"の機能を持たなければならない。

④その中で，発達障害を有しながらもこどもたちが求めている友人関係形成

の場が提供されなければならない。

⑤グループセラピーのプログラムには，こどもたちにとっての主要な難しさである「相互性」の体験を必然的にもたらす要素を組み入れなければならない。

⑥プログラムにおいては，"遊び性"を十分に考慮し，発達的に適切なゲーム DAGs を取り入れたセラピューティック・アクティビティの中で，ルールに対する志向性を高めていく必要がある。

⑦グループセラピーにおいては，ソーシャルスキルトレーニング的色彩を持たせすぎてはならない。セラピストは，"受容と共感"といった来談者中心療法的な臨床心理学的視点を重視し，こどもたちの行動の背景にある情動体験の理解に努めなければならない。

⑧グループセラピーにおいては，"集団の均質性"について考慮しなければならない。そのための視点として"知的発達の水準"，"生活年齢"，"行動と思考の柔軟性"，"多動性・衝動性・注意の転導性"，"社会的志向性"などが挙げられる。

⑨グループの構成として，"個別支援集団心理療法形式"にできるだけ近づけることが望ましい。そうすることによって，こども一人ひとりに対するサポート量の調整が可能となる。そうした調整を通して，治療教育から日常生活への橋渡しが可能となる。

⑩グループセラピーの大きな利点の一つとして，"親の会"を構成できることが挙げられる。親の会を通して，保護者自身が多面的な視点を得ることができる。

(10) もくもくグループ

上に述べたような視点から，筆者らは，平成 8 年より九州大学において「もくもくグループ」を立ち上げた（こどもたちが雲のように大きく成長してくれるように木曜日に集まってもらっているので，もくもく と名前を付けた。木曜日になると，／モク／の語音でこどもたちは，"もくもく"グループをすぐに思い出すため，手帳代わりで都合がよい）。平成 17 年度現在，6 つの小グループからなるおよそ 40 名のこどもたちが集団活動を通した対人関係スキルの

発達支援プログラムに参加している。

　以下の各章では，もくもくグループにおける集団プログラムのアレンジメント，それぞれのグループにおけるプログラムの視点と留意点などについて，具体的エピソードを挙げながら述べていく。

【文　献】

Axline, V. M. 1947 *Play therapy*. Boston : Houghton Mifflin.
Baron-Cohen, S., Leslie, A. M., & Frith, U. 1985 Does the autistic child have a "theory of mind"?. *Cognition*, **21**, 37-46.
Drifte, C. 2004 *Encouraging positive behaviour in the early years. A practical guide*. Paul Chapman Publishing.
Hobson, P. 1993 *Autism and the develpment of mind*. Lawrence Ealbaum Associates.
Hobson, R. P. 1990 Concerning knowledge of mental states. *British Journal of Medical Psychology*, **63**, 199-213.
成瀬悟策　1988　自己コントロール法　誠信書房
O'Neil, R. E., Horner, R. H., Albin, R. W., Sprague, J. R., Storey, K., & Newton, J. S. 1997 *Functional assessment and program development for problem behavior*. A Practical Hand-Book.（茨木俊夫監修　三田地昭典・三田地真実監訳　2003　こどもの視点で考える問題行動解決支援ハンドブック　学苑社）
Reddy, L. A., Spencer, P., Hall, T. M., & Rubel, E. 2001 Use of developmentally appropriate games in a child group training program for young children with Attention-Deficit / Hyperactivity Disorder. In A. A. Drewes & L. J.Carey (Eds.), *School based play therapy*.（安東末廣監訳　2004　学校ベースのプレイセラピー　北大路書房 pp.235-250.）
園山繁樹　2000　行動的立場の考え方と援助アプローチ　長畑正道・小林重雄・野口幸弘・園山繁樹（編）　行動障害の理解と援助　コレール社　pp.100-121.
遠矢浩一　2002　不注意，多動性，衝動性を認識する青年の心理・社会的不適応感　－必要な心理的サポートとは何か？－　心理臨床学研究, **20**, 4, 372-383.
Trevarthen, C. 1979 Communication and cooperation in early infancy. A description of primary intersubjectivity. In M. Bullowa (Ed.), *Before speech : The beginnings of humancommunication*. London : Cambridge University Press. pp.321-347.
Trevarthen, C., Aitken, K., Papoudi, D., & Jaqueline, R. 1998 *Children with autism diagnosis and interventions to meet their needs*(2nd Edition.) Jessica Kingsley Publishers.

2

グループセラピーのアレンジメント

　集団心理療法が行われる「場」がどのように設定され，運営されるのかはその効果に大きく影響を与える。本章では，もくもくグループのアレンジメントについて紹介する。

1. スタッフのアレンジメント

　1）セラピューティック・トライアングル　もくもくグループの，"個別支援集団心理療法形式"は，一人のこどもに対して一人のメインセラピスト（Main-therapist；以下 Mth）が配置されると同時に，"こども − Mth"のペアを支援するためのコ・セラピスト（Co-therapist，以下 Cth）をさらに配置する体制をとることによって成立している。そうすることで，主たる支援者である Mth のサポート機能を最大限に引き出すことができると考えているからである。Mth −こども− Cth の3者で作られる"セラピューティック・トライアングル（以下，トライアングル）"が集まることによってグループが成立している（図2-1）。

　2）Main-therapist（Mth）　もくもくグループでは，一人のこどもに一人のセラピストを必ずペアリングする。セラピー中の個々のこどもの行動に逐一，

調整的なサポートを行うことができるようにするためである。例えば，集団から走り出たり，他のメンバーの活動を妨げるような言動を行うなどの望ましくない行動には，できるだけ機先を制して，席に着かせたり，望ましい言動に置き換えさせるように導く。たとえ望ましくない行動が行われても，それを叱責したりせず，心理劇における「ダブル」の役割をとる。例えば，「本当は○○したかったんだよね」，「今のは○○という意味だよね」などと"代弁し"，望ましくない形で行われてしまった行動の機能を社会的に適切な形で意味付け，集団の他のメンバーに知らせると同時に，本人に望ましい行動の形を示すようなサポートを行う。あるいは，心理劇の"ミラー"の役割をとり，こどもの鏡のように行動の在り方をフィードバックしたり，望ましい行動の在り方のモデルをあらかじめ示すなどの役割をとる。プログラムの意味をうまく理解できていなければ，プログラムの流れの中で具体的に説明する。すなわち，活動中のあらゆるこどもの行動に目を配り，適宜介入していく主たるセラピストである。

3）Co-therapist（Cth）　Cthの役割は，Mthとこどもとの関わりをサポートすることである。部屋を走り出たこどもを，部屋で待つMthのところに連れ帰り，こどもの後ろから肩に手をおいて椅子に座らせ，Mthに正対させて，

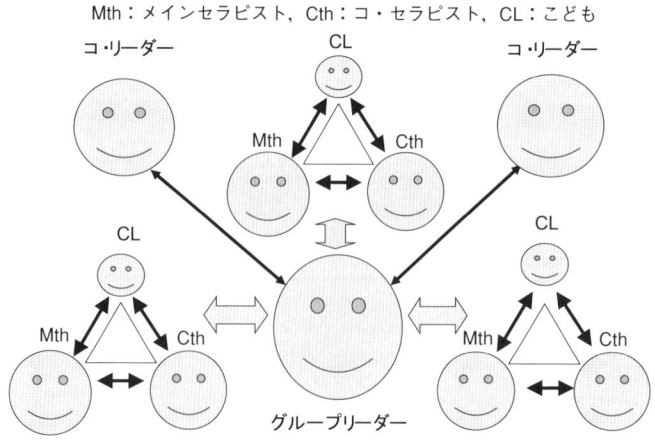

図2-1　もくもくグループのセラピューティック・トライアングル

活動を再び始める,といったサポートである。また,こどもに関わる相手が変化しても目標となる行動を同じように行うことができるのかといった,般化の確認の目的でもCthは機能する。例えば,ドッジボールでMthが敵側に回っても,ルールに則った活動を行うことができるかを,Cthが横に付く形で確認できる。さらに,Mthとこどもとの関わりを客観的に観察し,こどもの様子,こどもの行動に応じたその時々の集団全体の雰囲気,Mthが行った介入に対する印象など,様々な情報をMthに提供できることも,Cthの重要な機能である。こどもに関わるMthは,こどもの行動に逐一対応せざるをえない状況でこどもの微少な反応を見逃してしまうことも少なくないので,このモニター役は非常に重要である。

4）グループ・リーダー（Group Leader）　　Mth－こども－Cthでできるいくつもの"トライアングル"を,動かしていくグループの責任役としてグループリーダー（以下,リーダー）が置かれている。リーダーは,個々のトライアングルの特徴を理解し,活動プログラムを具体的に計画し実施する中で,グループメンバーに適宜指示を与えたり,積極的な働きかけを行う監督役割が求められる。こどもやセラピストたちの様子について把握できるための知識と経験が必要であるので,当該グループの活動に習熟した大学院博士課程レベルの学生が担うことが多い。また,個々のプログラムの主旨や,セラピーにおけるグループ全体の様子などを保護者に報告するフィードバック役でもある。

5）コ・リーダー（Co-Leader）　　リーダーのもとには,コ・リーダー,1～2名が配置される。グループ全体を動かさなければならないリーダーの補助的役割をとる。コ・リーダーには,リーダーのプログラムの意図を汲みながら,こどもやセラピストがスムースに活動できるような援助を行ったり,リーダー自身が円滑にグループ活動を展開できるように補助を行うことが期待される。例えば,プログラムのディレクターの役割をリーダーがとっている際に,個々のトライアングルに介入し,その動きを調整する；逆に,リーダーが個々のトライアングルに介入する際に,ディレクターの役割をとるなど,グループ活動全体においてリーダーをサポートし続ける重要な役割である。

6）親の会　　各グループごとに"親の会"が設けられる。親の会には,保

護者同士のコミュニケーションを促すファシリテーター（facilitater）が置かれる。ファシリテーターは，本グループの活動全体や参加しているこどもについて理解していることが前提となる。こどもたちの様子をモニターカメラやワンウェイミラーを通して観察しながら自然になされる保護者同士の会話を，こどもたちの成長にとって有益な方向に導く役割をとったり，半構造化された意見交換の場を設定し，こどもたちの発達に関わる様々なトピックについて，それぞれの保護者の体験談や考えを語り合い，保護者の視点を広げる機能を持つ。この時に，ファシリテーターの過剰な介入が，保護者同士のコミュニケーションを妨げることがあることに留意する必要もある。

　保護者が，就学に関わる問題など個別の面接を必要としている場合には，総合臨床心理センター教員に繋いで個別面接の場を設定するための"仲介役"でもある。

2．グループの枠組み

　もくもくグループにはこどもたちにとってのセラピーの意味と，参加スタッフの支援技術向上のための二重の研修の意味がある。

（1）時間的枠組み

　もくもくグループは大学の開講時期に合わせ，4〜7月，9〜12月，1〜3月の隔週木曜日に実施される。平成17（2005）年度現在，6つの小グループが構成されているが，3グループずつ，隔週交替でのセラピーとなる。

　セラピーの実施時間は10：30〜12：00である。スタッフは9時15分に集合し，当日のプログラムに関する事前ミーティングとセラピーの準備を終え，10時過ぎには建物玄関近くでこどもたちを出迎える。

　こどもが来訪すると，10：30まではこどもと担当セラピストの自由遊びの時間となる。セラピーに入る前のこどもたちのウォーミングアップの意味合いもある。

　10：30になると各小グループに分かれた活動が約60分間実施される。活動時間中に保護者は親の会を行うか，親の会担当ファシリテーターのもとで，モニターカメラやワンウェイミラーを通して活動場面を参観する。

活動が終わると，その日のリーダーがグループごとに保護者に活動の目的とこどもの様子について10分程度説明し，その後20分程度は各担当 Mth から保護者に，その日のこどもの様子についての説明が行われ，保護者からは最近のこどもの様子についてセラピストに報告される。

これらの説明の間30分は，Cth とこどもの自由遊びとなっている。この自由遊びの時間は，野球やサッカー，バレーボールといった，学校場面ではこどもたちがクラスメートと"上手に"参加できない遊びが選ばれることが多く，こどもたちにとっての"カタルシス"の場になっている。そうした意味で，単なる"自由な"遊び時間ではなく，こどもの遊びを育てる貴重な時間であり，Cth はこうした遊びをファシリテートする大切な役割を担っている。

グループ活動を行わない隔週の木曜日はカンファレンスを行い，ケース検討やグループ活動の内容についての検討を行う。そのことによって，セラピスト個々の支援技術の向上をはかる。

(2) 空間的枠組み

九州大学大学院人間環境学府附属総合臨床心理センター内の面接室を使用して行われる。本グループでは対人関係性に注目した，身体運動を取り入れたプログラムが多いため，いずれの部屋も普段は大型遊具等が置かれているが，こどもたちが集まってくる10:00前には室外の廊下にすべて片付けられ，十分広い「遊具のない空間」が設けられるようになっている。

(3) 人的枠組み

参加するこどもは，総合臨床心理センターの来談受付手続きに則って決定される。電話による面接・相談申し込み，インテークチームによる受理面接を経て，カンファレンスにおける検討の後，本グループが適当と判断された場合に参加となる。

スタッフは総合臨床心理センターに相談員として登録している，臨床心理学系大学院生，研究生（大学院修了者）に加え，教育心理学系の学部学生及び，センター長から認められた学部卒後の準相談員（学部聴講生等）で構成されている。これらの相談員は，総合臨床心理センター担当教員による指導とスーパ

表2-1 子どもの特徴

	生活年齢	知的発達水準	行動と思考の柔軟性	多動性・衝動性・注意の転導性	社会的志向性
グループ1	就学前後	軽度	●	○	●
グループ2	小学校低～中	標準	●	●	●
グループ3	小学校低～中	標準	●	●	○
グループ4	小学校中～高	標準	●	●	○
グループ5	小学校中～高	標準	●	●	●
グループ6	小学校高～中学生	軽度～標準	●	○	○

●困難性高　○困難性低

ービジョンを受けている。

3. こどもとプログラムのアレンジメント

　参加するこどもたちは，第1章にある，知的発達水準，生活年齢，行動と思考の柔軟性，多動性・衝動性・注意の転導性，社会的志向性の5つの要素を考慮して小グループを構成している。そして，それぞれのグループごとに次章以降に述べる狙いとプログラムが設定される（表2-1参照）。

　平成17（2005）年度現在の6つのグループの特徴を大まかに述べると以下のようになる。

　第1のグループは，知的発達水準が相対的に低いが，多動性・衝動性は強くなく，行動と思考の柔軟性・社会的志向性に難しさを持つこどものグループである。就学前後の年齢を対象としているが，一部，小学校中～高学年児も含まれている（第4章参照）。

　第2のグループは小学校低～中学年程度の年齢で，知的発達水準は標準程度である一方，多動性・衝動性・注意の転導性が強いと同時に，行動と思考の柔軟性・社会的志向性に強い困難を持つこどものグループである（第5章参照）。

　第3のグループは小学校低～中学年程度の年齢で，知的発達水準は標準またはそれ以上と高く，社会的志向性も高いが，多動性・衝動性・注意の転導性のコントロール，行動と思考の柔軟性の向上をめざすこどものグループである（第6章参照）。

第4のグループは小学校中学年から高学年程度の年齢で，知的発達水準は標準またはそれ以上で，社会的志向性も高いが，多動性・衝動性・注意の転導性のコントロール，行動と思考の柔軟性の向上をめざすこどものグループである。第3グループの年長型のグループとなっている。

　第5のグループは，小学校中学年から高学年程度の年齢で，知的発達水準は標準レベルであるが，多動性・衝動性・注意の転導性，行動と思考の柔軟性，社会的志向性に強い困難を持つこどもたちのグループである。第2グループの年長型のグループである（第7章参照）。

　第6のグループは，小学校高学年から中学生程度の年齢で，知的発達水準は軽度の遅れから標準レベルで，多動性・衝動性・注意の転導性は強くなく，社会的志向性も高いが，行動と思考の柔軟性に困難を持つこどもたちのグループである（第8章参照）。

4. ミーティングのアレンジメント

(1) 事前と事後のミーティング

　グループ当日はスタッフは9:15に集合し，面接室にある不要な玩具等の片付けを行った後，事前準備と事前ミーティングが行われる。リーダーからプログラムの説明やこどもたちの動き方についての留意点などを確認した後，10時過ぎにはこどもの来訪を玄関で待つようにする。

　活動終了後は，12:00から13:00までの1時間，昼食をとりながらの事後ミーティングとなる。

　事後ミーティングは2つのセクションからなる。トライアングル・ミーティング及びグループ・ミーティングである。

　トライアングル・ミーティングでは一人のこどもを担当するMthとCthそれぞれが，活動中のこどもの様子について意見を述べ合い，また，自らの関わりについても吟味する。こどもがどんな場面でどんな言動をしたのか，その意味はどういうことか，その時のセラピストの見立てと働きかけはどうであったかなどについて具体的に振り返る。Mthの関わりに関して，具体的なコメントを行うことができるCthの機能が発揮される場でもある。

トライアングルごとに意見交換した後に、グループ・ミーティングとなる。トライアングル・ミーティングで話し合われた内容をもとに、グループに参加したスタッフがそれぞれの立場で気付いたことなどを提供し合う。また、リーダーからはプログラムにおけるこどもたちの動きの全体的な様子について報告され、リーダーのディレクターとしての在り方についても、互いに気付いたことなどを意見交換し合う。

こうした検討を通じて、スタッフはプログラムの狙いや進め方、こどもの状態やスタッフ自身の態度や働きかけについて理解を深めることができる。そして、自分たちのアプローチ方法を再評価し、あらためてプログラムの練り直しを図ることにもつながる。

(2) カンファレンス

グループ活動の実施されない隔週の木曜日は、10:30から12:00までカンファレンスが行われる。本グループはスタッフにとっての教育的意味も持っているため、特にこうした時間が設けられる。内容的には、こどもについてのケースカンファレンス、プログラムについての再検討、遊びや歌の練習、心理療法の技法である心理劇の実習などが適時その時のテーマに合わせてリーダーを中心に各グループ単位で実施される。

これによりスタッフ相互の情報や知識が交換され、深められ、スタッフ自身のこどもに対する対応のバリエーションが増えることとなる。このカンファレンスを通じて、遊びを用いた個別療法と集団療法の両方についての知見が深まることとなり、本グループの持つスタッフに対しての教育的効果を得ることができる。

5. 発達アセスメント

各トライアングルが、担当するこどもの発達の全般的傾向を捉え、保護者のニーズを確かめるために、年度はじめの6月までにWISC-Ⅲを主とする知能検査を実施し、同時に、保護者面接を行う。この発達評価をもとに、こどものstrengthとweaknessについて確認し、集団プログラムを計画する際の手がか

りとすることができる。この発達評価は，翌年同時期に再度実施されるので，個々のこどものWISC-Ⅲ等を用いた発達評価は，原則，1年に1回，確実に行われることになる。

3

グループセラピーの方法論

1. はじめに

　これまで様々な発達障害を持つこどもたちの特徴に対する実証的研究は数多く行われてきた。しかし，現在，学校や家庭で様々な困難を抱える彼らの援助にとって一番重要なことは，実際の援助場面をどのように構造化し，援助者がこどもに対してどのような関わりを持つかということである。つまり，援助の方法論をいかに考えるかということであろう。これまで，もくもくグループでは様々な発達障害を持つこどもたちに対して，第1章で述べた，生活年齢，知的発達水準，多動性・衝動性・注意の転導性，行動と思考の柔軟性，社会的志向性の5つの要素を考慮して小グループを構成し，援助を行ってきた。また，その小グループは，援助目標を達成するための援助方法論について検討を行い実践してきた。

　このグループセラピーの方法論に関する仮説検証的な臨床実践のプロセスの中で，様々なプログラムが設定され，その効果について検討が行われた。この章では，これまでもくもくグループで行われた数多くのプログラムを，感覚運動的遊び，心理劇的方法，セラピューティック・アクティビティの3つの視点から整理し，その方法論の理論的根拠や実際の展開方法について述べることに

する。

2. もくもくグループの主な方法論

(1) 感覚運動的遊び（具体例については第4章を参照）

　低年齢で，自閉症などの対人形成の問題を抱えるこどもたちに対しては，彼らの集団活動への参加を促し，まずはセラピストとの関係を形成した上で，同年齢のこどもとの関わりを促すことを目標とする場合が多い。その目標となる行動を援助するにあたって，音楽やリズムに合わせて身体を動かす遊び，くすぐりなどの身体感覚を媒介とする遊び，手遊びなどの模倣遊び，簡単なルール性を持った追いかけっこ的な要素を持つ遊びなどを用いることが多い。このような感覚運動的遊びを用いたプログラムの例を以下に紹介し，その遊びで展開が可能と思われるセラピューティックな体験について田中・遠矢（2002）を参考にして説明する。

　まず，全員が手を繋ぎ大きな輪を作り，歌に合わせて輪の中心に走りより，さらに外に広がる「大波小波」がある。もくもくグループではセッションの最初に行うことが多い。勢いよく前後に走る粗大運動を通じて，こどもたちはその身体感覚や集団の力動を感じることができる。全員で手を繋いで輪を作っているためにこどもたちは集団の一体感を感じることができるのである。また，手を繋ぐという行為が，集団活動にスムーズに入ることが難しいこどもの，直接的な活動への参加を促すことができる。最初，輪に入れなかったこどもも「大波小波」が繰り返される中で，そのダイナミックな動きに関心を持ち，セラピストの促しによって抵抗が少なく，「大波小波」の輪の中に入ることができるのである。

　また，こどもたちとセラピストで音楽に合わせた体操や踊りのような活動がある。例えば「アブラハム体操」などがそうであろう。音楽に合わせてリズムをとりながら，こどもたちはセラピストの動きに注目し，そのセラピストの動きを模倣する。他者への注意が向きにくく，模倣が難しいこどもに対しては，セラピストがこどもの身体に触れ，直接動かしてあげるような援助も必要だろう。一人のこどもに対して，MthとCthが担当する構造を持つトライアングル

を有効に利用すれば，片方のセラピストがこどもの後ろから音楽に合わせて動きを援助し，もう片方のセラピストがこどもの目の前で体操や踊りを行うことによって視覚的に援助することができるのである。そこで，こどもは自己身体において賦活された身体感覚と他者の動きを照合し，流れる音楽やリズムとの調和や同期を感じながら，情動が活性化され他者の動きや活動に意識を向けるようになると思われる。特に，自閉症児などに見られる相互的感情交流の困難や原初的なコミュニケーションの障害を持つこどもたちに対しては，集団での体操や踊りがこどもたちの身体模倣能力を高め，これを積み重ねていくことによって情動の共有化をも活性化することが考えられる。

　また，音楽やリズムに合わせてプレイルームを動き回る「バスバス走る」や「動物真似っこ」などがある。セラピストや他のこどもと前後の列を作り音楽に合わせて走り回ったり，音楽に合わせてウサギやゾウなどの動きを演じながら動き回るのである。これらは音楽やリズムに合わせて，自らの身体を用いて，その対象となる特性を動きや身振りで見立てていく遊びである。音楽やリズムの効果や身体運動によって，情動が活性化され，模倣への志向性を援助することができるのである。

　また，「結んで開いて」や「グーチョキパーで何作ろう」などの手遊びもよく用いられる。音楽に合わせてセラピストとお互いに強い関心を向け合い，情動の共有化を狙うのである。また，グループセラピーにおいては，その上手になった手遊びを集団の前で披露することにより，他者から注目されることに気付き，自己表現し受容される体験が得られるように展開することも可能である。他者に関心の向きにくいこどもの場合は，模倣や創造性を要する「結んで開いて」や「グーチョキパーで何作ろう」などの手遊びよりも，「一本橋こちょこちょ」や「きゅうりの塩もみ」など身体接触を用いて，くすぐりなどの身体感覚を活性化し，情動や対人志向性を活性化するような手遊びが有効だと思われる。

　以上のように，音楽に合わせた踊りや，身体遊びを用いることで情動が活性化され，他者に対する関心が高まり，模倣への志向が高まると思われる。つまり，音楽やリズム，動作を介して，相手の動作，意図，感情への気付きを促し，相互的やりとりを促すのである。さらに，集団場面の中でリズムに合わせ，セ

ラピストと情動を共有すること，また身体模倣を用いた相互的やりとりの中で間主観的な世界が形成され，自閉症児など原初的なコミュニケーションの困難を抱えるこどもたちへの援助となると考えられる。

また，以上のような感覚運動的遊びは，繰り返し行いながらそのルールや文脈を少しずつ展開していくことに意義がある。つまり，繰り返しのある，短い習慣化された形式であるフォーマット，あるいは，順序性や因果性を含んだルーティンを遊びの文脈として設定し，その繰り返しの中で場面の展開を理解し，場面展開の予測や他者や集団の動きに対する予測を促すのである。

以上のように，言語的相互交渉が困難なこどものグループにおいては，身体接触や運動模倣など身体運動感覚を重視した共同活動の持つ要素が他者への注意と関心を引き出すことに有用であるといえよう。

(2) 心理劇的方法：ドラマ法（具体例については第7章を参照）

心理劇とはモレノによって1921年に考案された集団心理療法である。心理劇では集団における相互の対人関係や役割演技（ロールプレイング）を通じて，自発性や創造性の発揮，自己や他者への気付き，新たな自己や役割体験が行われることが狙いとなる。心理劇では台詞のない即興的な演技が求められ展開される。

心理劇を構成するものとして5つの重要な要素がある。まずは，劇の進行を行う「監督」である。これはグループセラピーにおいては，そのセッションのリーダーが担当する。さらに，セラピストが担う役割として，演じる人の自我を援助し，監督の補助を行う「補助自我」がある。他には，主役及び共演者からなる「演者」，観劇を行い演者や補助自我への共感や感想を述べる「観客」，劇を行う場としての「舞台」がある。

実際に心理劇を行う際には，基本的には，1回のセッションの中で3つの展開がある。まずは，第1相：ウォーミングアップであり，これは集団における参加者の心身の準備状態を作ることが目的である。集団の場で心理劇の中心となる役割演技をいきなり行うのは，参加者の緊張や防衛的態度などがあるために難しいと思われる。そこで，集団が集まったところで，集団の凝集性や自己表現への抵抗を弱め，緊張を緩和することを目的として，身体を動かす活動や

ゲーム，参加者が互いを知り合うためのワークを行うのである。次に，第2相：劇化がある。ここでは役割演技（ロールプレイング）を行う。何かしらのテーマが監督を中心として設定され，主役などの演者が決められ，役割演技が展開されていくのである。最後に，第3相：シェアリングを行い，話し合いによる参加者の情動の共有・共感を行う。そこでは，セッションでの体験をまとめ，整理し，日常生活に妨げとなるような形で引きずらないよう，参加者間で感想や話し合いを行うのである。

　また，心理劇の技法としては，主役が自己に対するもう一方の役割を演じるロールリバース（役割交換法）や，補助自我が演者の気持ちを後押ししたり代弁するダブル（二重自我法），主役の演じたことを補助自我等が鏡のように模倣して演じるミラーリング（鏡映法）などがある。

　例えば，心理劇のテーマが，こどもたちが学校などで体験するような友達との関係を扱う場合，「ドッチボールの仲間に入れてほしい」とお願いするこども（A君）とドッチボールを行っていたこども（B君）の役をこどもたちがそれぞれ演じていたとする。一度，A君がB君に「ドッチボールに入れてほしい」とお願いするような役割演技を行った後に，B君が今度はA君にお願いするような場面を設定すれば，それはロールリバースを行ったことになり，ここでA君とB君はお互いの立場の気持ちについて体験し理解することが可能になるのである。また，そのようなお願いする場面において，なかなかA君がB君にお願いすることができないとする。その時に，A君のセラピストがA君の背後から「入れてほしいなぁ，でも入れてくれなかったらどうしよう」などとA君の気持ちを代弁するような発言を行う。このことによってB君や他の参加者に対してA君の気持ちが伝わることになり，A君自身にとっても自分の気持ちが周囲に理解してもらえた体験となる可能性がある。もしA君が仲間に入れてもらうのに適切とは思われにくい表現を行った場合，それをセラピストが同じように演じて見せれば，A君にとっては自分の行動を客観的に理解する経験となる可能性がある。ただし，この技法は，こどもにとっては，あまりにも自分の行動に直面化する体験になる可能性もあり，ミラーリングを行うのには十分な配慮が必要だろう。ただし，互いの意図や感情の理解が難しく対人関係形成の困難さを有するこどもたちにとっては，ロールリバースやダブルの技法を用い

た援助を行うことは，社会的な知識に関する体験的な理解の場となりえると思われる。

さらに，心理劇的方法の持つセラピーとしての意義を，役割関係，行為表現（アクションメソッド），体験的現実性，集団アプローチという4つの視点で説明しよう。

まず，役割関係についてだが，社会や集団での生活を営む限り，我々には何かしらの「役割」が用意されることになる。つまり，家族の中では「親」や「こども」などであり，学校では「教師」と「生徒」，セラピーの場においても「セラピスト」と「クライエント」という「役割」が与えられ，その「役割」に求められるような態度や行動をとることになる。ところが「役割」には，そのような属性に関するものだけではなく，「頼る側」と「頼られる側」，「怒る側」と「怒られる側」，「ほめられる側」と「ほめる側」というような，行動や感情的な立場としての「役割」がある。心理劇では，どの役割が良いとか悪いと決めるわけではない。生活の中で問題となるのは，その自己「役割」の体験が固定化されて，マンネリ化することである。そして，そのことがその人の自発性を阻害し日常生活での不適応感を生じさせると考えられる。こどもたちにおいても，家庭や学級の中で「問題のある子」，「いつも叱られる子」といった役割が固定化されている場合が多い。しかし，心理劇の場面の中では，役割関係や場面の設定を工夫することによって，通常とは異なる役割体験が可能となる。つまり，心理劇の場面では，固定化・マンネリ化した役割関係からの脱却が可能であり，そのこどもにとって新しい視点や多面的視点の獲得，新たな自己役割の体験が可能となるといえよう。

次に，行為表現（アクション・メソッド）の意義であるが，心理劇は演技という行為表現を用いる。つまり，通常，我々は言語を介してコミュニケーションを行うことが多いのだが，心理劇では言語に限らず，身体の動きや姿勢などの行為全体の在り方に焦点をあてる。その意義としては，身体表現に伴い情動が活性化され，情動体験を伴う自己理解や他者理解が深まると考えられる。また，身体表現や演技において発せられる言葉の抑揚などには非言語的なメッセージが含まれていると思われるが，セラピストの補助自我的なサポートによってこのような非言語的情報の理解や使用を援助する機会となる。

体験的現実性とは，心理劇の臨床的意義として針塚（1996）が述べている概念である。針塚（1996）は，心理劇の場面構造は複雑な様相を呈しており，心理劇場面が非現実的であると意識しながらも，一度「舞台（場面）」に上がると，その体験は演者にとって「非現実」ではなく，自らがその場で自らを表現する（役割演技をする）という「現実的な」体験をする場になりうると論じている。つまり，その劇は自分が生活する現実とは異なる「架空」で「非現実」な場面であると理解していながらも，役割演技を行うプロセスの中で，現実的な情動体験があったり，日常生活での自分の在り方にあらためて気付いたり，これまでとは違った新たな「今，ここで」の現実的な体験を持つことができるのである。心理劇の場面は「架空」の場面であるという認知は，セラピーとしての安全性を保証するが，心理劇場面，あるいは役割演技を通じて体験されるリアルな情動体験の深まりはセラピューティックな意味を持つのである。

以上のような心理劇の特性は，独特な関心の向け方やイメージを持つ広汎性発達障害のこどもたちに対するグループセラピーの方法として大いに可能性を持っていると思われ，今後の発展が期待される。高原（1998，2000）は，自閉性障害者に対して心理劇の試みを行っている。対人的情緒反応や他者との共感的関わりの困難さという自閉性障害者の特性に対し，他者の感情を理解したり，自分自身の気持ちや意思を適切に表出することを促すようなセラピーの確立を目指している。このような狙いに関して心理劇は，安心でき受容される雰囲気の中で自発性や創造性を引き出すことが可能な場であると考えられる。つまり，広汎性発達障害児のような関心の向け方やイメージの広がりにユニークさを持つようなこどもたちに対しては，比較的自由な発想に基づく場面展開が可能である心理劇は，彼らにとって受容的な雰囲気を持つ場となると考えられる。このことは，その子の持つユニークさによって，学級や同年齢の友人関係の中で，理解されず受け入れられることが少ない体験のために傷ついた気持ちを癒す場，つまり「居場所作り」の援助となりえるのではないだろうか。そのような「受容と共感の体験」を通じて，役割演技を通じたセラピストや他児との対人交流が活性化するといった「相互性」の援助となることが可能となる。

(3) ゲーム，レクリエーション，セラピューティック・アクティビティ

　ここでは，前述した感覚運動的遊びや心理劇的方法以外のアプローチについて述べることにする。集団でのこどもたちの活動としては，前述した感覚運動遊びや心理劇のような方法以外にもゲームやスポーツ，工作のような創作活動などがある。つまり，普段こどもたちが集団で行うような遊びに対してセラピーとしての目的を明確化し，セラピストの援助的介入を工夫し，「友人関係」，「遊びの要素」，「受容と共感の体験」，「居場所」などのセラピューティックな体験を展開するのである。これを「セラピューティック・アクティビティ」と呼んでいる。

　学校での休み時間や家庭での余暇の過ごし方を保護者から聞いたり，自由遊びの時間の様子を観察すると，彼らの遊びの提案や交渉の仕方に特徴があることがわかる。彼らの遊びを観察していると大人にも難解なルール設定のある遊びや目的が不明確で他者には共有されにくい遊びを展開することがある。実際には，そのこどもの遊びのイメージが乏しいために他者に共有されにくい場合と逆にイメージは豊かであるがそれを他者にわかりやすい形で伝えることが難しい場合がある。さらに，自分の遊びのイメージが伝わらないと一方的に遊びを中断するなどの行動を示す。一方，他者が提案する遊びにクレームを付ける行動やそこに自分のルールや工夫を入れるように強く主張する場合があり，遊びの中で他者の意見を取り入れたり，譲ったりすることが難しい場合がある。また，その遊びのイメージの独自性から，学校の休み時間や帰宅後に友人と遊ぶ時間において彼らの提案する遊びやアイデアが実現される機会はほとんどないと思われる。そのため彼らは受け入れられなさや理解されない体験をしがちであり，達成感を得にくく，遊びの傍観者になることが多いと考えられる。

　そこで，普段，こどもたちが経験しやすいゲームやスポーツを用いて，セラピストが心理劇でいうところの「補助自我」的介入を行い，ルール理解や遵守，こども同士の交渉や協力が達成されるように援助するのである。したがって，セッションの中でこども同士の意見が合わず，トラブルが生じる場合もあるが，そのことも援助のチャンスと考え，セラピストの「補助自我」的介入を行っていく。小学校の高学年や中学生などの思春期に相当するこどもたちにおいては，こども同士の「仲間体験」が非常に貴重なものであり，セラピー参加の動機を

高めることになる。セラピューティック・アクティビティでは，いかに参加するこどもたちが関心を持つような企画を作るかがポイントになる。つまり，テレビ番組などを意識したこどもたちの世界における流行を取り入れることも必要になろう。

　また，中学生などのこどもたちの場合には，こどもたち自身がセッションの内容を考える「こども企画」も有効であると思われる。これは，後の第8章で詳しく述べるが，担当のセラピストとともに，セッション当日の前から企画を考え，当日の司会やルール説明などの役割をとらせるのである。その中で，メンバーが楽しく遊べるためのルール作りや他のメンバーに自分の考えていることを理解してもらうのに適切な説明の仕方について考えるような機会を提供するのである。この「こども企画」はこどもたちの自発性や責任性，他者への配慮などの社会的能力の援助に効果的である。

3. 3つの方法論の比較とまとめ

　必ずしもこどもたちの持つ障害や問題の特徴と以上に述べた方法論の組み合わせが決まっているわけではないが，これまでのもくもくグループの経験から，比較的有効であったと思われるこどもたちの特徴と活動の組み合わせについて3つの活動を比較しながら整理する。

　すでに述べたが，感覚運動的遊びは，言語的な交渉が難しく，他者に関心の向きにくいような低年齢のこどもたちのグループセラピーの方法として有効だろう。感覚運動的遊びを用いたグループセラピーは，セラピストとの1対1の関係の深まり，次にトライアングルを用いた小集団化，そしてグループ全体での他児との関わりの機会を作るように展開され，「相互性の体験」と援助となりえるのではないだろうか。

　また，心理劇的方法は，対象と目的によって，その展開方法を工夫することが可能である。広汎性発達障害などにより行動と思考の柔軟性に困難やユニークさが示されるこどもたちに対しては，彼らの独特な関心の持ち方やイメージなどを利用しながら劇化することによって，他者との意図や情動の共有を可能にし，それが「受容と共感」の体験の援助となり，グループが自己表現の場と

なるなど「こどもにとっての居場所」をこどもたちに保証するのである。また，社会的な場面での対人交渉が困難なこどもたちに対しては，こどもたちが体験しやすいような日常場面を劇化し，その中で心理劇の技法を用いて彼らの自己理解や他者理解を促すのである。

心理劇的な方法に対して抵抗を示すようなこどもたちもいるだろう。小学校高学年や中学生のこどもたちは，「こどもっぽい遊び」や「演技をすること」などに対しては抵抗感を示すこともある。そのような場合には，そのこどもの生活年齢にあった遊びや活動をセラピーの中で取り入れ，トライアングルを有効に利用しながら，こども同士の交渉や協力を援助していく。これは，学年が上がり，ますます孤立しやすいこどもの「友人関係の体験」を援助し，「居場所」作りとなる。また，「こども企画」ではセッション場面以前の準備自体がこどもにとって援助的意味を持つことになると思われる。セラピューティック・アクティビティでは，そのグループ参加者の知的発達水準や生活年齢（その世代に応じた遊び・活動）を配慮したプログラムを用意することが可能であり，その内容がこどもたちにとって魅力的であることを工夫できれば，多動性・衝動性や社会的志向性の問題によって集団活動が困難なこどもも活動自体に強い興味を持ち，その結果，「相互性」の体験へと繋げていくことも可能である。

以上のようなそれぞれの方法論の特徴を踏まえてプログラムを構成することがグループセラピーの展開に必要だと思われる。

ただし，心理劇のような援助技法については，セラピストが適切な援助的行動をとれるような，技法の理論的学習やセラピストとしてのトレーニングが必要だろう。ちなみに，もくもくグループに参加する学生は，学部，大学院の授業などで心理劇などのグループセラピーの体験学習の経験があり，グループのカンファレンスにおいても必要に応じて心理劇などの研修を行っている。

【文　　献】

針塚　進　1996　心理劇の構造的現実性と体験的現実性　—初心者の体験報告を通じて—　九州大学教育学部紀要（教育心理学部門），**41**（1），71-80．

高原朗子　1998　自閉性障害児・者に対する心理劇　心理劇研究，**21**（2），1-12.
高原朗子　2000　思春期を迎えたアスペルガー障害児に対する心理劇　心理劇，**5**（1），39-50.
田中浩司・遠矢浩一　2002　知的障害を伴う自閉症女児に対する集団心理療法の適用　発達臨床心理研究，**8**，25-36．

4

軽い知的発達の遅れを伴う幼児・児童の状況理解・言語表現を促すグループセラピー

1. グループのこどもの特徴

「もくもくグループ」において，集団の形式をとりながらもセラピストやこども同士の1対1の関係形成を重視するグループが本グループである。1対1の関係形成を重視するにもかかわらずグループセラピーを行うことに疑問を感じる人がいるかもしれない。こどもの特徴については後述するが，本グループに所属しているこどもは大人が合わせればほとんど問題なく遊ぶことができる。しかしこども同士になると対人関係の難しさが表面化してくるこどもたちである。したがって，大人との1対1でもなく，こどもだけの集団でもない，大人とこどもが混在した集団において，集団の持つ力を利用しながら，こども対こどもの関係形成に重点を置いたグループセラピーを行っている。

まず本グループに参加しているこどもの特徴を，第1章で述べている「グループセラピーにおける集団の均質性」の視点から整理してみる。

1) **知的発達水準**　知的発達水準は軽度から中度の遅れとばらつきがある。簡単な指示は理解できているが，考えや意見を適切に表現するなどの言語表出面において難しさを持っている。小学生であれば主に特殊学級に在籍し，幼稚

園や保育園であれば加配の先生がついていることもあるこどもがこのグループに所属している。本グループのこどもたちは，グループ活動中は手遊びや体遊びなど体を動かすことが中心のプログラムであれば活動に参加できるが，鬼ごっこやしっぽ取りゲームなどルール性のあるプログラムを行う場合，一人ひとりに合った関わり方・ルールの伝え方などを工夫しないと，活動に参加することが難しい。

　2）**生活年齢**　　生活年齢は他のグループに比べて幅広く，下は4～5歳，上は10～12歳のこどもたちから構成されることが多い。したがって所属は幼稚園や保育園の年中・年長児から小学5・6年生までのこどもたちの集団となっている。

　3）**行動と思考の柔軟性**　　すべてのこどもが自閉症と診断されているわけではないが，行動と思考の柔軟性という点において，このグループは比較的 rigidity の高いこどもたちが集まっている。つまり，活動の見通しが立てられずプログラムに参加することが難しいこどもや柔軟にプログラムに対応できないこどもなど，ある程度ルーティン化されたプログラムを繰り返し行うことが必要なこどもたちから構成されている。プログラムに限らず，対人関係においてもパターン化した関わりしかできず，柔軟性に欠けるという点で友達同士でのコミュニケーションが成立しにくいこどもたちである。

　4）**多動性・衝動性・注意の転導性**　　落ち着きがなくじっとしていられない，集団の輪からすぐに外れてしまうなどの特徴を持ったこどもたちが本グループに所属しており，その原因には様々なものが考えられる。知的発達水準の低さのために，今ここで何をしているのか，何をすべきなのかわからず，結果としてうろうろ動き回ってしまう場合もあれば，AD/HD（注意欠陥／多動性障害）のこどものように，注意の転導性が高いために動き回ってしまう場合，また情緒的に不安定なためじっとしていられない場合なども考えられる。

　本グループのこどもたちは，他のグループと比較した場合，顕著な多動性を持つこどもはあまり含まれていない。しかしながら本グループのこどもたちは生活年齢が就学前後のこどもも含まれるため，定型発達のこどもにおいても動きの多い年齢層であるがゆえに，多少の動きの多さが見られる。

　5）**社会的志向性**　　本グループのこどもたちは，他者に対して関心を向け

たり，積極的に関わったりする点に難しさを持つことが多い。大人との関係においては，大人がこどもに合わせればある程度うまく遊べるが，こども同士の関係になると，お互いにうまく関われなくなってしまう。つまり同輩に対して自分から積極的に働きかけるような社会的志向性がやや低いために，実際のグループ活動場面においては，対人トラブルが生じることが少ない。したがって他者（セラピストや他児）との対人相互作用場面をいかに引き出し，その中で対人スキルや対人トラブルにおける対処の仕方などをどのように促すか，ということがこのグループの目的の一つとなるように思われる。

　また他者への関心や関わりがある程度あるこどもでも，適切に関わったり，適切に自分の考えを主張したり，また相手の話を聞いたりすることは難しい。例えば，相手の遊んでいるものを勝手に取り上げてしまったり，「嫌だ」と言えずに叩いてしまったりする。このようなこどもに対しては適切な関わり方を獲得させることが目的となるだろう。

　6）情緒的特徴　本グループのこどもたちは，「怒り」や「悲しみ」，「楽しさ」といった感情や情動など情緒面において，自分でうまくコントロールできず，急にまたは激しく情動を表現してしまう。この衝動性が問題となるのは，他者から嫌なことをされて怒って叩いたり，自分の思い通りにことが進まずイライラして大声で叫んだりする場合である。特にこども同士の集団ではこのようなことが多々起こりうる。しかし本グループでは大人が混在し，そのような場面が起きないような配慮をし，こどもがパニックになっても大人が対応し，落ち着いたところでこどもの気持ちを大人が代弁したり共感したりするため，こども同士が叩き合ったり蹴り合ったりするような激しい対人トラブルに発展することはあまり見られない。

2. セラピーの目的と留意点

(1) 集団活動への参加を促す

　定型発達のこどもは，自然発生的に何人かの小グループを形成し，その中でお互いに意見を交わし合い，時には喧嘩をしたり慰め合ったりしながら様々なコミュニケーションを体験していく。しかし本グループのこどもたちは集団活

動に参加することが難しく、周りの大人から援助を受けながらでないと、他児と関わり合うことが非常に少ない。ゆえに、他児と関わる場面・状況を提供するという意味で、集団活動へ参加できるようになることは非常に重要な療育目的になる。

そのための工夫の一つとして「プログラム」がある。グループセラピーのやり方としてはプログラムを立てずに、その時その場でこどもたちの意見を聞きながら活動内容を決めるという方法もある。しかし本グループのこどもたちは、意見を出し合って決めるには言語能力の点から考えても難しい。そこでプログラムを立て、こどもたちが遊びを共有できるよう工夫している。

プログラムの内容は、どのこどもも参加できるようなプログラムを組む必要がある。しかし、どのこどもも参加できるプログラムを組むことは、こどもの特徴を配慮したグループ構成にしているとはいえ、非常に難しい。そこでMthがそれぞれのこどもに合った参加の仕方を促す関わりを行うことが重要になる。

1）落ち着きがなく動き回るこどもへの対応　こどもが落ち着かず動き回ってしまい活動に参加できない原因は様々である。例えば、活動中に部屋の中を走り回り、Mthが追いかけると逃げてしまうこどもがいる。これは一種のからかい行動、または注意獲得行動と呼ばれる行動である。したがってMthが追いかければ逃げるという追いかけっこに発展してしまうことが多い。この場合、Mthは追いかけずにこどもが戻ってくるのを待つのがよい。こどもは追いかけられることが楽しみなので、追いかけられればこどもは喜ぶ一方である。そこであえてMthは追いかけず待つという対応をとる。このような関わり方を計画的無視と呼ぶが、無視するだけでは不十分で、戻ってきた時はしっかりほめることが重要である。待っても戻ってこない場合はMthではなくCthがこどもを活動に戻すように関わる。このときCthは「〜ちゃん、待って〜！」や「つかまえた〜！」などオーバーアクションで関わることは控えた方がよい。なぜならこどもとCthの間で追いかけっこが成立してしまうからである。したがってCthは最小限の関わり方でこどもを活動に戻すようしなければならない。

この他にも、注意が活動から逸れやすく、自分の興味あるものにすぐに引か

れてしまって集団活動に参加できない場合がある。このような場合には，できる限り活動する部屋の中には活動に関係ないものは置かないなど事前に部屋を整えたり，逆にそのものを利用して集団活動を行ったりするなどの工夫が必要となってくる。

2）活動に参加したがらないこどもへの対応　セラピストが活動に誘っても「入りたくない」と拒否して，部屋に入ることすらできないこどもの場合，無理に誘って活動に参加させようとすると逆に拒否を強くしてしまうことがある。このような場合は無理をせず，まずは Mth と一緒に遊んで関係を作っていくことから始め，徐々にグループの活動に入っていけるように進めていく。活動に参加したがらない原因については，その活動の内容であったり，友達関係であったり，その日の機嫌だけかもしれない。いずれにせよ，こどもが Mth と一緒だったら活動に参加してみようかなと思ってくれるような関係を2人の間に築くことが重要である。

また活動を少し離れたところから見るというやり方も，集団への一つの参加の仕方である。他のこどもが活動している様子を一緒に見ながらお話をするところから始めるのも一つの方法であろう。終始活動に参加しなくても，こどもが興味を持ったところでできるところだけ参加するのもよい。

(2) ルールや状況の理解を促す

今何をする時間なのか，どのようにすればよいのかなど，活動の見通しが立たず何をしてよいかわからなくて，プログラムから外れて部屋の中を動き回ってしまうこどもがいる。このような場合，Mth は今何をする時間なのか活動内容を的確に伝える必要がある。伝え方の工夫としては，明確に短い言葉で伝えることはもちろんのこと，活動している他のこどもやリーダーへ注意を向けさせるなどの工夫も必要である。言語指示のみで内容を理解することが困難なこどもであれば，プログラムをボードに書いたり絵カードや写真など視覚的情報を利用したりして伝える工夫が必要になる。その他に，同じプログラムを繰り返していく中でこどもたちに合うように手直ししていくことで，こどもたちもルールや状況を理解し，活動に参加しやすくなっていく。

また本グループでは，音楽や集団全体に合わせて自分の動きをコントロール

する（例えば音楽が止まるとストップしたり，音楽のリズムに合わせて早く動いたりゆっくり動いたりする）プログラムを用いている。このプログラムは音楽という聴覚刺激に合わせて周りの動きという視覚的情報を手がかりにしながら自分の動きを調整することをこどもに求めている。音楽が止まっても動き回ってしまうこどもがいるが，そのような場合は，音楽が止まった時にこどもの体に触れ「ぴたっ」などと言いながら「今は止まるんだよ」というメッセージを伝えたり，手を繋いで一緒に動いたりして促すような工夫が必要になる。

　音楽にはもう一つの要素がある。本グループでは全体活動の最初と最後に全員で歌を歌っている。これはその歌を歌うことで，「今から始まるよ」「これで終わりだよ」という意識付けを狙っているのである。このセレモニーがあることによって，活動の始まりと終わりが明確になり，こどもたちも集団活動へ参加しやすくなる。特に落ち着きがなかったり状況理解が難しいこどもにとってこの音楽で始まり音楽で終わるというメリハリの付け方は有効である。

(3) 他者との関わり

　こども同士の関わりをねらったプログラムや，グループ活動前後の自由遊び時間の中では様々なやりとりが見られる。同年齢のこどもと遊ぶことが難しいという共通の問題を抱える本グループのこどもにおいては，そのような場面では対人相互作用の難しさが顕著に現れる。

　他者を叩くなど，こどもが示す不適切な行動に対しては，それらの行動が良くないということを伝えるとともに，なぜこどもがそのような行動を示すのか，ということを常に検討する必要があるだろう。セラピストや他児を叩く行動を多く示すような場合，人を叩くということが関わりの表現になっていることや，嫌な気持ちを叩く行動で表現していることが考えられる。そこでは，叩く行動に現れていると考えられるこどもの気持ちをセラピストが代弁したり，セラピストが関わり方のモデルを示したりするなどして，こどもの気持ちを大切にした関わりを行うようにすることが必要である。

　またプログラムの中にこども同士で行う活動を組み込むことで，こども同士が関わる場面を作る工夫が必要になる。電車ごっこやボール運びゲームなど身体接触による関わり合いや自己紹介で次の人を指名するなど，簡単なルールの

中で言語的コミュニケーションをあまり必要としない関わり合い場面を作るところから始めるとよいかもしれない。徐々に関係ができてくれば，鬼ごっこやはないちもんめなど直接的な関わり合いが多いプログラムを導入していけばよいであろう。

(4) 自己表現を促す

　他者や集団に対して自己表現することが難しいこどもが多い。そのような状況ではセラピストはこどもの気持ちを代弁することが求められる。

　例えば自己紹介の場面で自分の名前を話すことができないような場面には，メンバー全員で「○○くーん」とこどもの名前を呼んで返事をしてもらったり，もう一度同じ遊びを繰り返したそうにしていた時には「もう1回したい人は手を挙げてね」とリーダーが声かけして返事をしてもらうなど，こどもの言語レベルに応じた自己表現を狙う。このようなセラピストやリーダーの関わり方は，インリアルアプローチ（竹田・里見，1994）などの語用論的技法に基づいて行っている場合が非常に多い。他のグループに比べ本グループのこどもたちは言語的コミュニケーション能力が低いため，Mthを中心としたスタッフはそうした技法を身に付け，あらゆる場面においてそれを生かしていく必要がある。

　以上目的と留意点の4本柱について説明してきた。それぞれの目的と留意点をしっかり把握し，実行することはかなり難しいことである。しかしこれらが実行できれば，何らかの形でこどもたちから反応が返ってくるであろう。大切なことは，「今，ここで」こどもがどこに注意を向け，どのように感じ，何を考えているのかなど，こどもの気持ちを推測し感知するスタッフの観察力と，こども一人ひとりの特徴をグループ全員が共通認識として理解しておくことである。この観察力がなければ，こどもを集団に参加させることも，ルールを理解させることも，自己表現させることも難しくなる。一番重要でありかつ一番難しいことであるが，この観察力を身に付けることがこどもと関わる上での基礎になることをスタッフは肝に銘じなければならない。そしてスタッフ全員がこども一人ひとりをしっかり把握し，グループセラピーのメリットをいかんな

く発揮することが必要である。

3. プログラムの進め方

(1) グループ活動の流れ

　まずは，本グループの活動の流れとプログラムについて簡単に紹介する。セッションによって若干の違いはあるが，プログラムは以下のような流れで行われている。
　　①せんせいとおともだち（グループ活動開始の意識付け）
　　②おなまえよび（他者の前での自己表現・他者へ意識を向ける）
　　③きゅうりのしおもみ（身体接触を伴うやりとり遊び）
　　④かもつれっしゃ（音楽やリズムに合わせた動きのコントロール）
　　⑤おおかみさん今何時？（ルールの理解を促す集団遊び）
　①～⑤のプログラムが終了した後には，その日の活動を振り返って感想を述べ，楽しかったことや感じたことを共有する時間を設けるようにしている。基本的には上記の流れでプログラムを進めていくが，場面の状況によっては内容を変更するなど臨機応変な対応がリーダーや担当のセラピストには求められる。例えば，活動で全体の雰囲気が盛り上がり，こどものテンションが上がってしまったような場合は，気持ちをリラックスする狙いで"みんなでおひるね"のようなプログラムを導入し，全体の雰囲気を落ち着かせるなどの工夫も行われる。
　また，上記の活動はあくまでも一つの具体例であり，グループの状況によってはプログラムの内容も変更する場合がある。例えば，新年度などグループ活動が始まった時期はこどもとセラピスト，メンバー間の関係性が確立されていないため，"きゅうりのしおもみ"などのくすぐり遊びや手遊びなど，1対1のやりとりが行いやすいプログラムを多めに導入する。その後こども同士がお互いをより意識するようになり，グループの凝集性が高くなってきた場合は，自己紹介の時間に質問コーナーを設けたり，新しいプログラムを積極的に導入するなど，内容を展開させていくのである。

(2) プログラムの具体的内容と留意点

　以下では，各プログラムの狙いとともに，前節で述べられていたような集団活動への参加，ルール・状況の理解，他者との関わり，自己表現などの難しさがどのような形で現れてくるのか，またそのような問題に対して本グループのセラピストはどのような関わりを行っているのかという点について紹介したい。

1）せんせいとおともだち

【目　的】プログラムの最初にグループ活動開始の意識付けを狙う。

【内　容】セラピストとこども全員で座り，"せんせいとおともだち"の歌を歌う。歌の途中には担当セラピストや他児と握手をする部分も入れながら，楽しい雰囲気でその日の活動に溶け込み，様々なやりとりへの動機付けを高めていく。

【留意点】この場面では全員が座って活動することになるが，集団参加が難しいこどもにおいては，落ち着きなく動き回ってしまったり，あるいは活動が行われている部屋に入ることができないなどの問題が見られることがある。そのような場合にセラピストはただ単純にこどもの後を追いかけたり，こどもを無理やり活動に入れようとするのではなく，以下の例のように関わりの工夫を行う必要がある。

エピソード1

　A君はグループ活動中に部屋の中を走り回ることが多く，活動に戻そうとセラピストが追いかけてしまうと逃げていき，そこで追いかけっこのような遊びが展開していた。この問題に対して，CthはA君が活動に戻るように関わり，MthはA君が活動に戻ってくるのを待つというように，セラピストが役割を明確化して関わるようにしていった。また，リーダーの方へ注意を向けるなどして，今何をすればよいかということを伝えていった。すると活動当初は走り回っていたA君も次第に落ち着いて活動に参加できるようになっていった。

> エピソード2
> 　学期の途中から参加したA君は，最初は活動が行われている部屋に入ることすらできない状況であった。セラピストが活動に誘っても「入りたくない」と拒否の様子を示して，部屋の外で遊んでいた。セラピストが無理に誘っても余計に入りたがろうとしなかったため，最初は部屋の外でA君とセラピストが一緒に遊んで関係を作っていくことから始め，徐々にセラピストと一緒にグループの活動に入っていくという方針で進めていった。A君はいくつかのプログラムや他のこどもに興味を示していたため，活動に入れそうな場合には誘って，入れた時には思い切りほめる，という関わりを行った。そうすると，A君はずっと部屋の中で活動することはできなかったが，他のこどもと一緒に活動できる時間は徐々に増えていった。

2）おなまえよび

【目　的】他者の前での自己表現・他者へ意識を向ける。

【内　容】このプログラムではこどもが一人ずつ集団の前で自己紹介を行う。集団の前に立ったこどもに皆で声をそろえて「おなまえは？」と尋ね，皆から注目されている体験を促す。時間を経てグループの凝集性が高くなっている際には，自己紹介に合わせて質問コーナーを設け，自己紹介をしているこどもに

図4-1　おなまえよび

対して他児から質問を行う。質問された側は質問をしたこどもや全体に自分のことを伝え，質問する側は自分が友達に対して"伝える"ということを明確にしながら，集団の中での自己表現を狙う。

【留意点】 自己紹介の場面で自分の名前を話すことができないような場合には，「○○くーん」とこどもの名前を呼んで返事をしてもらうように，こどもの言語発達レベルに応じた関わりの工夫が必要である。またこどもが緊張していたり，気分がのらずに自己紹介できないような場合には，セラピストがこどもの気持ちを代弁したり，こどもの代わりに返事をするなど，状況に応じた関わりが必要となってくる。

エピソード3 （＜ ＞はセラピストの発言）

　"おなまえよび"の時間に今日からマイクが登場するようになった。それを見て，A君はMthの腕をぎゅっと握り，不安な表情を示した。そこで，Mthは＜ドキドキするね～＞とA君の気持ちを代弁し，A君が興味を示しているBちゃんが先に前に出てマイクを持って自己紹介をしている場面を指差して，＜Bちゃんみたいにあんなふうに持って話せばいいんだね，Bちゃんがんばっているね＞と伝えると，A君も自分もできるという気持ちが湧いたようでBちゃんの動きを真似して前に出てマイクを持って応じることができた。Mthもできるかなと緊張した面持ちで見守っていたが，そのようにがんばったA君に嬉しくなって＜よくできたね～，先生も嬉しかったよ＞とほめて自分の気持ちを伝えるとA君は嬉しそうにMthの膝に乗ってきた。

3）きゅうりのしおもみ

【目　的】 このプログラムでは，歌に合わせてくすぐったり，くすぐられたりという体験を楽しむ。歌のリズムに乗りながら身体接触を通して他者とのやりとりを楽しむという，集団活動であるが1対1のやりとりを行いやすい場面といえる。

【内　容】 基本的にはこどもとMthが役割交代をしながら1対1で行っていくことになるが，状況に応じてこどもの相手をCthや他児に変更し，様々な人との関わりを促す配慮も行っていく。また"きゅうりのしおもみ"では，特定のセラピストやこども，クッションなどを大きなきゅうりに見立てて全員でくす

ぐることにより集団としての凝集性を高める工夫も行うように，後の集団活動へ繋げる意味合いも含まれている。

【留意点】　この活動では，他者からの身体接触を苦手とするこどもたちにとって歌に乗るということが他者との関わりを促すのに効果的に機能する。一方，こどもが他者の感情を推測することが難しいゆえに，働きかけられる役割のこどもに対して働きかける側のこどもが過剰に働きかけてしまったり，またセラピストとしかやらないというこどももいる。そういった状況に対して，セラピストが他児との関わりを促すために働きかけを工夫する必要がある。以下のエピソードにそってセラピストの働きかけ方を参照していただきたい。

エピソード4（＜　＞はセラピストの発言）

　プログラム"きゅうりのしおもみ"で，A君はきゅうり役になり，多動傾向を持つC君がくすぐったり切る真似をしたりして関わる場面。C君は寝そべったA君に向かって大きな声で歌をうたい，いざA君に触る時には，その触り方が強く，A君はその関わり方が少し痛かったようで顔をしかめていた。すると，A君のMthはA君の立場に立って＜ちょっと痛くて困ったね＞と気持ちを代弁した。そこで，そばにいたC君のCthが＜そんなに強くたたいたらAちゃんは痛いよね。もう少しやさしくしよう＞と具体的な関わり方を伝えた。そして隣にいるC君のMthは＜Aちゃんと一緒にできてうれしいんだよね＞とC君がA君と関

図4-2　きゅうりのしおもみ

わりたい気持ちを代弁した。A君はそのMthの発言を聞いてにっこりした。

4）かもつれっしゃ

【目　的】 音楽やリズムに合わせ自分の動きをコントロールし，他者への意識を高める。

【内　容】 自分の名前が書かれた"お名前カード"をあらかじめ持っておき，こどもとセラピストが一つの列車を作り，曲に合わせて部屋の中を自由に動き回る。曲が止まった時点で近くにいる他のこどもとお名前カードを交換し，再び曲が始まると出発する，という流れで行われる。

【留意点】 このようなプログラムを行う際には，音楽や集団に合わせて自分の動きをコントロールすることが難しく，皆が止まっているのに自分だけ動き回ってしまうこどもに対する関わり方が一つのポイントとなるが，前節で述べられているように，身体接触を通して動きを伝える工夫も必要となってくる。

　また，本グループのこどもは同世代のこどもと遊ぶことが難しいという共通の問題を抱えており，こども同士の関わりを促すプログラムや，グループ活動前後の自由遊びでの中ではセラピストの介入が必要と思われる様々なやりとりが見られる。他者に自ら関わってはいくものの突然他児を触って相手が驚くよ

図4-3　かもつれっしゃ

うな関わりをした場合には，その行動についてセラピストが「びっくりするよ」と声かけを行い，そっと触るなど自分の行動を調整することができるように促していく。他者を叩くなどのこどもが示す不適切な行動に対しては，その行動の意味を検討した上で，こどもの気持ちを大切にした関わりを行うようにすることが重要である。

エピソード5（＜＞はセラピストの発言，「」はこどもの発言）

　プログラム"かもつれっしゃ"で，A君は「かもーつれっしゃーシュッシュッシュー♪」と歌に合わせてMthに後ろから肩を持たれたまま，楽しそうに部屋の中を走り回っていた。しかし歌が終わり近くのこどもとカードを交換する際，相手を目の前にすると途端に表情が硬くなり，相手を見ずにカードを押し付ける一方的な関わりになった。そのためMthは＜ちゃんと相手を見て渡そうね＞と相手を意識するように伝えたが，A君はその言葉を聞く様子はなく，その場から走りグループ活動から離れてしまった。MthはA君を追いかけ，A君の正面からA君の肩を持って＜一緒にしようよ。先生はA君と一緒にしたいな＞とMth自身のA君と遊びたい気持ちを伝えながら活動に誘った。するとA君はしばらくして「うん」と言いグループに戻り，再び他児とカードを交換した。C君のところに行くと，A君もC君もお互い向かい合ったままカードを差し出すだけでそれ以上どうしたらいいかわからない様子であった。そのため，A君のMthが＜C君の好きなもの聞いてみようか？＞と促すと，A君はC君を見て「好きなものは？」と尋ねた。するとC君は少し考えて，「くるま！」と元気よく答えた。

5）おおかみさん今何時？

【目　的】簡単なストーリーがありルールのある集団遊びの中で，ルール理解や集団の中での自分の役割理解，それを通してこども同士の関わりを促す。

【内　容】基本的に大人がおおかみの役割をとり，こどもたちはおおかみから逃げる役割をとる。こどもたちは，壁の向こうに隠れているおおかみたちに「今，何時〜？」と尋ねながら，おおかみに少しずつ近づいていく。こどもたちが時間を尋ねるたびにおおかみ役の大人が「今，〇時だよ〜」と時間が書かれたボード（視覚的情報）も用いながら時間を答える。その言葉のかけ合いを楽しみながら，おおかみ役が「夜中の12時！」と答えたら，おおかみが追いかけてくるので，こどもたちはそのおおかみに捕まらないように逃げて家に帰

るというスリルを楽しむ遊びである。おおかみにつかまらず無事に家に逃げられたこどもは，まだ逃げているこどもの手をとっておおかみから救いに行くなど，こどもたち同士の救う・救われるという関わりが見られる場合もある。

【留意点】 場面の展開が他の遊びに比べて多いので（隠れているおおかみに声をかける⇒12時が来るまで待つ⇒追いかけてくるおおかみから逃げる⇒家に帰る⇒他の子を助けに行く），こどもたちに今何をする場面であるかという状況の理解を促す工夫が必要である。具体的には，①MthとCthとで役割分担を工夫し，Mthはこどもの横に沿ってグループに参加しているCthへの注意を促し，モデルを示しこどもの状況理解を促すこと，②役割を明確化するためにおおかみのお面を被ったり，時間を知らせるのに絵カードを用い，特に「夜中の12時」は異なる色の絵カードを呈示するなど視覚的手がかりを用い，場面をわかりやすく伝えるなどの工夫が必要である。

またこどもによっては，追いかけられる楽しみよりもおおかみのお面に興

図4-4 おおかみさん今何時？

味・関心が向き，おおかみ役をとりたがるこどもなどもいる。その時にはセラピストといっしょにそのこどもにおおかみ役をさせてあげる。このように，こどもが興味を示したところから活動に入らせるなどの工夫も大事であると思われる。できるところから状況理解・ルール理解を促し，そこから最終的に追いかけられるこどもが役割を理解できるように援助するなどセラピストの柔軟な対応が求められる。

エピソード6（＜＞はセラピストの発言，「」はこどもの発言）

　A君はルールの理解が難しく，12時以外の時間の時にも逃げようとしていた。その後3回目は「見てる」と活動への参加を拒否した。そこで後日の活動では12時の絵カードは色を付けるようにし，狼に追いかけられて逃げるタイミングについて，提示される時計を指差しながら＜時計がオレンジのときだけ逃げるよ。白は逃げないよ＞とA君がルールを理解しやすいように視覚的な色の違いで説明した。すると，A君は理解できたようで，12時以外の時間では逃げずに，わくわくした表情で次に出される時間を待つようになった。また「もうしない」と言うこともなくなった。

エピソード7（＜＞はセラピストの発言，「」はこどもの発言）

　Bちゃんはおおかみに追いかけられてもその場に立ちすくんでいた。そこでMthは＜ほら，今，おおかみが追いかけてきたよ，逃げなきゃ＞と状況を説明するが，Bちゃんはきょとんとした表情で動かなかった。代わりにBちゃんはおおかみのお面を触りに行ったり，おおかみに話しかけに行こうとした。そこでMthは＜Bちゃんはこっちで待っているんだよ＞と他の子どもたちに注意を向けさせながら他の子どもと同じ動きをとるように伝えた。すると，Bちゃんは一旦は戻ってきたものの，再びお面が気になるようでお面を触りに行こうとしていた。そこで，MthはBちゃんにおおかみの役割をとるように促し，お面をかぶって参加させるようにした。するとBちゃんはおおかみ役としての動きはイメージが持ちやすかったようで，他のおおかみ役と一緒に皆を追いかけたり，「がおー」と怖がらせて楽しみ，おおかみ役をとることができた。その後は子どもの役割に戻ることができ，おおかみから追いかけられると，声を出しながら逃げることを楽しむことができた。

【文　　献】

竹田契一・里見恵子　1994　インリアル・アプローチ―子どもの豊かなコミュニケーションを築く　日本文化科学社

5
自閉的な傾向を伴う小学生の対人的自己調整を促すグループセラピー

1. グループのこどもの特徴

　本グループのこどもの特徴に関しても，第1章に述べている「グループセラピーにおける集団の均質性」の視点から整理してみる。

　1）知的発達水準　本グループのこどもたちは，軽度の遅れから標準以上の知的発達水準にある。そのため，プログラムを行う際にはそれぞれの知的発達水準に合わせた配慮が求められる。本グループは，行動のコントロールが難しく，衝動的な行動特徴を示すこどもが多いので，プログラムの内容を理解しやすいシンプルなものとし，必要最小限のルールをわかりやすく伝える工夫を行っている。また，リーダーから説明するだけでなく，Mth，Cthから個別に噛み砕いた説明をするといった対応が不可欠である。

　2）生活年齢　本グループは主として，小学校の低学年から中学年の児童が参加している。特に9・10歳以後は，「学習もさることながら，自分を受け止めてくれる仲間や大人の存在が大きな意味を持つ」との指摘（別府，2002）にあるように，こどもにとっては自分自身が同年代のこどもや大人から受け入れられる体験が大きな意味を持つと思われる。プログラムの中で取り組む内容以前に，参加しているこどもが集団の中に受け入れられている体験をしていく

ことを大前提としている。

3）行動と思考の柔軟性　本グループのこどもは，自分が思い描いた通りに活動が進んでいくと楽しく活動に参加しやすい。しかし，想定外の状況になった場合に，場の状況を忘れて大声で自分の意見を主張したり，場から離れていったりすることがある。また，どのような活動であっても，一貫して自分の興味のあることを主張してしまうことで，場に応じて活動を楽しむということが難しくなる場合もある。こうした行動の背景としては，①その場の状況に目を向けることの難しさ，②他者の行動や思考（考えや気持ち）を汲みとることの難しさ，③気持ちを表現することやそれを他者に伝えることの難しさ，④他者との折り合いを付けていくことの難しさがある。これらの要因が，他者の発言や行動，場面の状況に合わせて柔軟に行動することの難しさとなって現れてきていると思われる。

　具体的な対応としては，以上の4つの難しさに対してアプローチするというグループとしての狙いをセラピスト間の共通意識として持っておくことがあげられる。そして，場面をわかりやすくしながら自分の考えを（時にはセラピストが媒介となりながら）他者にわかりやすい形で伝えていくことを目指す。そして，他者の主張に耳を傾け，受け入れながら行動や思考を他者や場の状況にも合わせていける体験をしていくことを目指している。

4）多動性・衝動性・注意の転導性　こどもの行動上の特徴として，待つことが難しい，一つの遊びがなかなか長続きしにくい，突発的に行動してしまうなどの，行動コントロールの困難が挙げられる。こうした行動が起こる背景としては，第4章にも触れられているが，①知的発達水準の問題として今ここで何をしているのか，自分が何をすべきなのかわからない，②AD/HD的な注意の転導性がある，③情緒的な不安定さがあることが考えられる。

　また，失敗体験や思うようにならない体験をしたり，楽しくなって気分が盛り上がったりすると，状況がわからず混乱し，周りが見えにくくなりやすいという特徴があり，気持ちや感情をほどよい範囲でコントロールすることが難しい。

　行動や感情，自己主張の許容範囲をプログラムによって調整し，メリハリを付けた活動を行うことで，行動や感情を自分自身でコントロールしていくこと

を目指している。

5）社会的志向性　本グループのこどもは，他者に関心を向ける，積極的に関わるといった意味での社会的志向性は持っていると思われる。しかし，一緒に遊びたい気持ちを他者に対して適切な形で伝えられないことや，不器用な伝え方になってしまうことがある。他者に関心を持っていてもそれがうまく伝わらないことが多く，トラブルになってしまうことも少なくない。そこで，活動の中で自然とこども同士のやりとりが引き出せるようなプログラムを設定している。また，媒介となる・モデルを示すといったこども同士の関わりの間をつなぐ役割をセラピストがとっていくことを心がけている。

6）情緒的特徴　本グループのこどもは，他のこどもに自分の気持ちをうまく伝えられないために手が先に出てしまう，力のコントロールが難しいために遊んでいて押しただけのつもりが突き飛ばしてしまう，相手が挨拶のつもりで触ったことを「叩いた」と受け取るために叩き返してしまうなどの行動を示すことがある。こうした行動は，「問題行動」であると誤解して受け取られやすい。こどもにとって重要なことは，自分の発言や行動がふさわしくなかったことに気付き，行動を調整することである。しかし，本グループのこどもたちは自分の行動を客観的に振り返ることが難しい。こどもたちはむしろ，「問題行動」と受け取られたことからくる『受け入れてもらえなかった体験』に意識が向きやすいようである。

　『受け入れてもらえなかった体験』を積み重ねることは，こどもの情緒的な安定に影響を与え，自分の行動を客観的に振り返ることが難しくなる可能性が考えられる。そのため，こどもの行動の意図やその時感じた気持ちにセラピストが寄り添い，時にはセラピストがこどもの気持ちを代弁しながら，こどもが『受け入れられた体験』を積み重ねることができるように配慮している。そして，自分の行動について客観的に振り返ることができるようになることを目指している。

2．セラピーの目的と留意点

　本グループのこどもの共通した特徴としては，①集団場面での自己表現の難

しさ，②相手の気持ち・場面や状況の理解の難しさ，③行動や思考・感情のコントロールの難しさ，④他児への興味・関心はあるが不適切な関わり方をしてしまうことが挙げられる。

　こうした特徴を踏まえ，本グループでは以下の4点に留意して活動を行っている。

（1）スモールステップの考え方の活用

　本グループの活動は，スモールステップの考え方を活用して行うことを意識している。本グループでは，一つの目標を達成するために，最初から最終的な目標を目指すのではなく，細かく小さな目標を設定して一つずつ達成していくことを重視している。こどもの状態を見立て，どういう側面に，どのような方法で取り組むのかを考えることが重要であるが，その際に，スモールステップの考え方を活用することで，こどもの難しさに対するアプローチを段階的に行いやすくなる。具体的な工夫は，それぞれのプログラムの留意点を参照していただきたい。

（2）プログラムの構成

　本グループのこどもは，気分が盛り上がりすぎると，行動や思考・感情のコントロールが難しくなる特徴を共通して持っている。それを避けるために，「お絵描き」，「手遊び」のような落ち着いて取り組めるプログラムと，「新聞破り」，「だるまさんがころんだ」のような活動的なプログラムを交互に配置し，気分が盛り上がった後には気分を落ち着ける工夫を行っている。そのことで，こどもの気分を過剰に盛り上げてしまうことのないようにしている。

（3）トラブルへの対応

　本グループの活動中には，様々なことをきっかけとしてこども同士のトラブルが起こる（表5-1参照）。

　こうしたトラブル場面において，こどもたちは，突発的に相手を叩くなどの攻撃的な行動を見せることがある。こうした行動は，日常場面や学校場面で問題のもととなってしまうことが多い。しかし，その多くは，「怒り」，「不満」

表5-1　トラブルの例

ルールを巡るトラブル
・自分が思っていたのとやり方が違った
・自分は守れているのに他者が守れなかったことで許せなくなる
順番争いを巡るトラブル
・「一番目にしたい」と複数のこどもが主張し，譲らない
勝ち負けを巡るトラブル
・負けたことを受け入れることができずに，勝つまで続けようとする

といった自分の気持ちの高ぶりが，そのまま行動として現れてきたものであると考えられる。ただ，攻撃的な行動自体は，どんな理由があっても適切な行動とはいえない。そこで，攻撃的な行動が出てしまった場合には，攻撃行動自体をまず止めて，その背景について丁寧に取り上げていく。

　本グループのこどもは，自分で自分の気持ちを整理することが難しい。気持ちが高揚している場合であればなおさらである。例えば，興奮している時に，最初から「なぜ興奮しているのか」，「なぜそんな気持ちになったのか」などの質問をしても，こども自身もなぜそうなっているか理解することが難しく，ますます興奮状態を助長する場合がある。そのため，「どうしたの？」，「何があったの？」というこどもが答えやすい，行動面や起こった出来事についての質問から始める。次に，こどもが自分の気持ちを表現することができるように促すことが重要である。また，こうした場面で相手の気持ちに目を向けることも難しい。セラピストが媒介となりながら，相手はどう思っていたのか考えていくことも重要である。

　トラブル場面では，トラブルとは直接関係のないこどもへの対応も求められる。「なぜ」トラブルが起こっているかわかっていない様子であれば「なぜ」トラブルとなり，話し合いが行われているか伝えていく。トラブルが起こっていることがわかっていればどうしたら解決できるかを考えていく。セラピストの姿勢として重要なことは，こどもが感じていることを捉えることである。トラブル場面では，こどもがどのような気持ちでいるか推測し，こどもが自分で自分の気持ちを整理し表現できるように促していく。また，トラブルの当事者同士での話し合いが長くなり，収まりがつかない状況も時として発生する。そ

の時トラブルに関係のないこどもたちが状況についていけずどうしたらよいか戸惑ってしまい固まったり，部屋をウロウロしてしまうことがある。そのような場合は，トラブルを解決するリーダーと，プログラムを進めていくリーダーとに分かれてグループを動かしていくこともある。

(4) プログラムから離れてしまうことへの対応

プログラムを進行していると，こどもがプログラムから離れていくことがある。

こうした場合にプログラムを一度中断するか，先に進めるかは対応が難しい。本グループにおいても基本的にはこどもの状況に応じて臨機応変に対応しているが，原則としては以下のような手立てをとっている。

プログラムから離れてしまうこどもをプログラムに引き入れようと，そのこどもに焦点を合わせると，全体の注意がそのこどもに向いてしまい，今何をしているのかわかりにくくなる可能性がある。そこで，プログラムを継続して行うことで，戻る場をはっきりとさせる。

プログラムから離れたこどもへは，どうして離れてしまったのかを考え，丁寧に対応する。グループから離れて行った際には強引に戻すのではなく，こどもが自分からプログラムに戻りたくなるような対応（例：参加しているメンバーから名前を呼んでもらう）を行う。また，外れてしまった気まずさから，戻りたくても戻りづらくなっている場合には，あえて他のこどもからの誘いかけをしないこともある。また，戻ってきた時にも「お帰り」の一言で，外れていたことが浮き彫りになり再び外れていくこともある。そのような場合にも，そのこどものことについて「グループのみんなはあなたのことを忘れてはいないよ」というメッセージを出しつつ，戻ってきたことに焦点化することなくグループを進めていくこともある。

リーダーは，場の状況やこどもの状況を常に捉えながら活動を進行していく。しかし，場が拡散していたり混乱していたりすると，こどもの様子や場の状況を捉えることが難しくなる。そこで，本グループでは，各セラピストからこどもの様子や場の状況を，リーダーに伝えていく工夫（例：「何をやっているのかわかりませーん」，「早く次の遊びをやりたいよぉ」）を行っている。そのこ

とで，リーダーはこどもの状態に気付き，場を展開しやすくなる。

3. プログラムの進め方

　以下では本グループで行われている活動プログラムの内容とともに，進め方に関する留意点について具体例を交えながら説明する。

(1) グループ活動の流れ
　グループで行われるプログラムの主な内容は以下に示す通りである。
　　①グループ活動開始を意識付ける（本日の活動の確認）
　　②自己表現と他者に注目する・他者から注目される（お絵描き・自己紹介）
　　③二者関係から他者との繋がりへ広げていく（あっち向いてほい・きゅうりのしおもみ）
　　④他者と関わる（伝言ゲーム・他己紹介・糸電話）
　　⑤気分を落ち着けクールダウンする（手遊び）
　　⑥ダイナミックな動きを伴うルール性のある遊びを楽しむ（だるまさんがころんだ）
　　⑦活動を振り返る（感想タイム）
　①〜⑦のプログラムはあくまでも一つの具体例であり，その時々のグループの状況，狙いによって活動は変化していく。また，①〜⑦をすべて行うのではなく，①②の後に③〜⑥をその時のグループの狙いや状況に合わせて行うこともある。そして，⑦の感想では，セラピストとこどもで楽しかったこと，楽しくなかったこと，嬉しかったこと，腹が立ったことなどを共有し，時には全体でそのことを話題にする。

(2) プログラムの具体的内容と留意点
　以下では，各プログラムの狙いとともに，前節で述べられてきた，集団における自己表現，他者との協調，ルール・状況の理解，衝動性・感情のコントロールなどの難しさがどのような形で現れてくるかを示す。またその問題に対し

てセラピストはどう関わり，グループ全体として対応していったかについて紹介したい。

1）グループ活動開始の意識付け（本日の活動の確認）

【目　的】グループ開始の意識付けとともに活動の見通しを付けることを目的とする。

【内　容】ホワイトボードに書かれた活動内容をリーダーが読み，全体でその日の活動の内容を確認していく。

【留意点】本グループのこどもは，活動が始まる時落ち着かない様子や興奮した様子で，部屋を走り回ってしまうことがある。その背景にあることとして，その日にすることの見通しが立たないことがあることが考えられる。AD/HD児の特徴として花熊（2002）は，AD/HD児が学校でうまく行動できない原因の一つとして「次に何をするか」，「どこまでやったら終わりか」という行動の見通しが立てにくいことを挙げているが，本グループのこどもも行動の見通しを立てることが難しいため，こうした工夫を行っている。

　リーダーはこどもの注意を引き付け，こどもがプログラムの内容を理解したり想像したりしやすいようにプログラムを説明していく。全体がざわついている時には，静めようと大きな声で話しかけるより，突然声をひそめて話しかけることでこどもの注意を引き付けるなどの工夫を行う。

　グループ全体を通して，始まりと終わりのメリハリを付け，こどもがプログラムの進行状況を把握しやすいようにすることが重要である。

2）自己表現と他者に注目する・他者から注目される体験を狙う活動

①自己紹介

【目　的】自己紹介するこども：自己表現と他者から注目される体験をすること。他者の自己紹介を聞くこども：他者に注目する体験をすること。グループの仲間意識にも重点を置き，出席しているこども・欠席しているこどもを確認し，グループの所属意識・仲間意識を高めていくこと。

【内　容】前に立って，グループのメンバーに自分の名前を言う。その他にテーマ（好きな食べ物，好きなキャラクターなど）を設けて自分のことを他者に伝えることもある。また，質問を受け付けて，他児・セラピストからの質問に答えることと，他児に質問することにも取り組んでいく。

【留意点】 自己表現に取り組む時には，以下のような自己表現の段階を想定しておくことが重要である。

　　『名前を呼ばれたら返事をする』
　　『「あなたのお名前は何ですか？」と言われて自分の名前を答える』
　　『セラピストと一緒に人前に立って自分の名前を言う』
　　『一人で人前に立って自分の名前を言う』
　　『自分の名前を言い，その後に好きなものを伝える』（テーマに合わせた自己表現）
　　『他児からの質問を受け，それに答える』

　こどもの自己表現がどの段階にあるかを捉え，その特徴に合わせて目標を立てていく。そして，少しずつ多様な自己表現ができるようにスモールステップで進めていくことが重要である。人前で発言することが苦手なこどもであれば，人前に立つという体験から始めることが重要である。また，人前には立てるが，人前に立った瞬間に自分が思いつくままに発言をしてしまうこどもに対しては，司会をしているリーダーから話し始めるタイミングを伝えることや，表現する事柄を整理し適切な表現方法を伝えていくことが重要となる。

図 5-1　自己紹介

> **エピソード1**(＜ ＞はセラピストの発言,「 」はこどもの発言)
>
> 　A君は,テーマ『わたしの好きな食べ物』で,カレーライスの絵を描いた。途中で「他にも好きなものたくさんあるよ」と言って,次々に書き足そうとした。そこでリーダーは,＜あと3分で描こうね＞と言って,時計にテープを張って目で見てわかる目標を示した。また,Mthから,＜好きな食べ物たくさんあるんだね。でも,あと一つにしようか＞とA君に好きなものがたくさんあることを受け止めながら,具体的な目標を提示した。すると,A君は書き足すことを止め,自分の描いた絵を満足そうに説明し始めた。

　他者から注目されるという体験が負担で緊張して動けなくなるこどもも見られる。このような時はこどもを励まし活動参加を促すとともに,Mth(時にはCth)がこどもの代わりに全体に対してこどもの自己紹介を行う。このことでグループ全体の活動の流れを止めることなく,こどもに集団への参加意識を持たせることができる。

　発表の順番を決める際には,リーダーは発表したい人がいないかこどもに問いかけていく。こどもによっては,発表順にこだわってしまう場合があり,そこで他者とのトラブルが起こる場合がある。こどもの自発性を促すとともに,順番が重なってしまった時には各トライアングルとリーダーから,それぞれのこどもの気持ちを伝える。譲るという案やジャンケンという解決案を提示し,こども同士の話し合いへと繋げていく。

> **エピソード2**(＜ ＞はセラピストの発言,「 」はこどもの発言)
>
> 　B君,C君は,「1番がいい！」と同時に手を挙げた。双方とも譲る気持ちはなく,険悪なムードが漂うので,リーダーが介入した。＜ふたりとも1番がいいんやね。じゃ,ジャンケンで決めてみようか＞と,解決策を提示した。2人とも同意したので,ジャンケンを行うと,B君が勝つ。B君は嬉しそうにしていたが,C君は納得できない表情になる。その残念な気持ちに,Mth,Cthが寄り添い,次はまたチャンスがあることも合わせて伝えていくと,C君も納得する。
>
> 　このジャンケンは後に,セラピー場面の交渉手段としてこどもたちが積極的に活用し,それが日常生活・学校生活へと般化していった。

また，全員共通のテーマを設定してそのテーマにそった絵を描き，それを用いて自己紹介を行うこともある。

②お絵描き

【目　的】絵という媒体を用いた自己表現をする。他者に注目する体験をする。

【内　容】好きなものや最近楽しかったことなどのテーマを設定し，絵を描く。

【留意点】本グループのこどもは言葉での自己表現が難しく①自己紹介のような場面ではうまく表現できないことがある。そのため，ことばを用いずに自分のイメージの世界を表現できる絵を用いる。しかし，絵を用いることで想像力が膨らみすぎることがあったり，想像することが難しく，絵を描くことができないこともある。

想像が膨らみすぎる場合には，その想像力に寄り添いながらテーマを意識付け，膨らんだ想像を否定するのではなく何をどのように描くか整理していく。また，終わりをはっきりとさせるために，時計に印を付けるなど視覚的にも働きかけていく。その際，リーダーは絵の進み具合を聞いていく。そして，こどもと終わりを決めていく。

想像することが難しく場面から外れてしまうこどもには，イメージしやすい題材をあらかじめセラピストがいくつか示していく。テーマはその時々でセラピストからのこどもの情報などをもとに考えていく。想像することが苦手なこどもに対しては，あらかじめ親などから得ていた情報をもとにセラピストが具体的に「好きな○○（乗り物，キャラクター，色，食べ物）」と提示することでこどもの想像力を膨らませていく。

大きなテーマとして「好きなもの」と幅を持たせることで，トライアングルの中でセラピストがこどもと話題を広げ関わりを深めていく。

3）二者関係から他者とのつながりを広げていくことを狙う遊び

①きゅうりのしおもみ

【目　的】身体接触遊びを通して，他者への興味関心を引き出す。役割の交代，セラピストとこどもの二者関係から他者との関係に展開していくこと。

【内　容】きゅうり役と調理役に分かれて，身体接触遊びを行う。その後，役

割交代を行う。

【留意点】 きゅうりのしおもみでは，こどもが調理役になった時，優しくころがしたり，トントン切ることができずに激しく叩くことがよく見られた。こうした行動の背景にはこどもがわざと激しくころがしたり，叩いているのではなく力のコントロールができなかったり，楽しくて気持ちが高ぶり，気持ちや力のコントロールが難しくなっていることがあると思われる。このような場合にはMthとCthは役割分担をしてこどもに関わっていく。きゅうり役にCth（Mth）がなり，調理役になったこどもの側にMth（Cth）が付く。時にはモデル提示をしたり，手を添えて力の加減を伝えていく。きゅうり役になったCth（Mth）も「今の切り方上手だね」，「その動かし方だとちょうどいいな」などその時々の気持ちを伝えていく。これは，こども同士で関わりを持った時には特に配慮を必要とする。こども同士ではちょっと強めにトントン切ったことが，「あの子が自分を叩いた！」と変わりトラブルへと発展してしまうからである。またお互いに気持ちを上手に表現できないため，口よりも先にお互い手が出てしまい収拾が付かなくなっていく。こども自身の気持ちを代弁しつつ，相手の立場に立った視点から気持ちをこどもに伝えていくことも求められる。

②**あっち向いてほい**

【目　的】 相手に注意を向ける。役割の交代，セラピストとこどもの二者関係からセラピスト以外の他者との関係に展開していくこと。様々な判断が求められる複雑なルールを理解し楽しく遊ぶ。

【内　容】 セラピストとこどもが向き合い，ジャンケンをする。勝った方が「あっち向いてほい」のかけ声に合わせて指を上下左右に動かす。ジャンケンに負けた方は相手の指先につられないように首を動かす。

【留意点】 このプログラムでは，相手に注目する，ジャンケンのルールを理解する，相手の指先に注意を向けかけ声に合わせて動かすという，いくつかの行為が求められる。一見簡単なようであるが，このグループのこどもは，注意が続かなかったり，負けることが許せず腹を立ててしまうことがある。

　注意が続かないこどもの場合は，セラピストはこどもの注意を自分に向けられるようにルールをそれぞれのこどもの状況に合わせてわかりやすく伝えることから始める。負けることで腹を立ててしまうこどもの場合は，負けて悔しい

気持ちを受け止めつつ，負けることが悪くて勝つことが良いのではなく，勝っても負けてもゲームを楽しむことができるような雰囲気をグループ全体で作っていく。

　二者関係から他者との関係に広げていくためには，セラピストとの遊びが成立してきた段階で，Cth（Mth）が他のトライアングルのところへ行き，そのトライアングルのこどもと対戦を行う。Cth（Mth）が他のこどもと対戦しているところにMth（Cth）は自分のこどもを誘いかけ，こども同士の対戦へと繋げていく。ここでは，セラピストは事前のカンファレンスなどで，これまでのこども同士の関わりから，ペアが成立しやすい組合せを考え，それぞれのトライアングルのセラピストが上手に引っ張っていく。

4）他者との関わりを重視した遊び（伝言ゲーム・糸電話・他己紹介）

　このプログラムでは，本グループのこどもは他者に注目したり，他者と関わりを持つことが難しい。また，誰かに質問をしたりされたりという関係もうまくとることができない。そこで，始めから他者とコミュニケーションをとることに取り組むのではなく，伝言ゲームから始め，糸電話，他己紹介に進むというスモールステップを踏んでいく。そのことで，失敗の経験を少なくし，安心した中でこども同士のコミュニケーションが促された。リーダー・セラピストはその時々に生じるこどもの難しさをすばやく見抜き，臨機応変に対応することが求められる。また，ペアを組んで行う場合などは，日頃のグループでの関係を考慮に入れ，ペアの組合せを考えていくことで，互いのコミュニケーションのきっかけが見つけやすく関わりの広がりへと繋がっていった。

①伝言ゲーム

【目　的】人に何か（ことば・気持ち）を伝える時に相手の注目を自分に引き付けて伝えるという体験をすること。他児に自分の言っていることが伝わっていく体験をすること。

【内　容】前の人から伝えられたことを覚え，それを次の人に伝える。何人かでチームを作り，最後まで伝えていく。

【留意点】最終的に自分の気持ちを相手に伝えることを目的とした伝言ゲームでは，内容を限定して他のこども，セラピストに何かを伝えることと，自分に向かって話されていることにしっかり耳を傾けて聞くことが重要となる。伝え

ることに一生懸命で，相手が自分の伝言に注目していないことに気が付いていない場合，「ねぇねぇ，ちょっと聞いて」と自分に注目してもらうような手段をこどもに教える。

②糸電話
【目　的】　他のこどもの注意を自分に引き付け，質問をしていく。他のこどもの気持ちや考えに目を向ける。他のこどもからの働きかけに注意を向け，それに応じる。
【内　容】　糸電話を準備し，質問する側，質問に答える側を決める。質問する側は質問内容を糸電話で伝え，質問される側は質問に対する答えを糸電話で伝える。
【留意点】　このゲームでは，伝言ゲームと違い他者に質問するというコミュニケーションを必要とする。最終的にはこども同士で聞く，聞かれるというコミュニケーションを行っていくが，その前にトライアングルの中で聞く，聞かれるという関わりを行い，その後にこども同士の関わりに繋げていった。糸電話を使うことによって面と向かって人と話をするという抵抗感は軽減される。また，糸電話から聞こえてくるのは小さな声なので，『しっかり聞こう』と相手の声に集中しないと聞き取ることが難しい。周りが騒がしいと声が聞こえにく

図5-2　糸電話

いため，見ているこどもも，静かにそのやりとりを見ることが求められる。そのことで，他者への意識も高めていくことができる。

こども同士では，どちらが先に話をするのかで混乱することがある。その場合には，質問する側，質問される側の場所を決めることで，今自分がどちらの役割かを明確に示すことを行った。

はじめは質問をする，質問をされるという行為に戸惑いも見られていたが，徐々に自ら質問をし，聞いた答えをもう一度確認するなどのやりとりが増えていった。

また，相手の声が聞こえにくいと，怒り出していたこどもも「聞こえないからもうちょっと大きな声で言って」と相手に頼んだり，適切な関わり方で相手とのコミュニケーションを行っていくなどの変化が見られた。

③他己紹介

【目　的】他のこどもの注意を自分に引き付け，質問をしていく。他のこどもの気持ちや考えに目を向ける。他のこどもからの働きかけに注意を向け，それに応じる。他のこどものことを伝える。

【内　容】一人ひとりにテーマを書く欄，他のこどもの名前と空欄が書かれたカード（図5-3参照）とペンを配る。リーダーとセラピストで日頃のこども同士の関係性を考慮しペアを作る。そのペアで互いに質問をし合い，答えを聞いてカードに書き込む。

【留意点】このゲームでも，他者に質問するというコミュニケーションを必要とする。はじめの頃こどもは声かけ・質問の仕方がわからず立ち尽くしたりしていた。セラピストはこどもが質問する時には「質問してもいいですか？」と

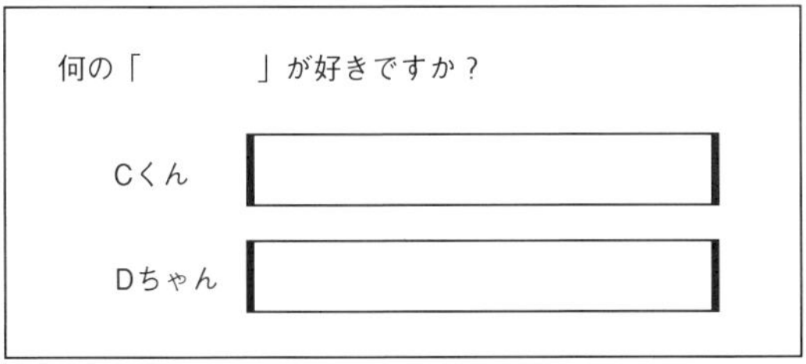

何の「　　　　」が好きですか？

Cくん　［　　　　　　　　　　　　　　］

Dちゃん　［　　　　　　　　　　　　　　］

図5-3　他のこどもの好きな食べものを尋ねる活動

尋ねることで相手のこどもの注目を引き付ける方法を提示する。また，こどもが質問されていることに気付かない時には「何か聞かれているみたいだよ」と相手のこどもへの注目を促す。質問の内容がわからない場合や，どう答えたらいいかわからない場合は，セラピストがことばを補ったり，イメージを膨らませたりしながらこどもと一緒に考えていく。そのような具体的な方法を伝えていくことでこども同士のやりとりに繋げていく。

最後の発表の場面では，自分が質問したことで相手のこどものことを知ることができたこと，共通する話題が持てたことなどを喜び，他者への興味関心を広げていった。

エピソード3（＜＞はセラピストの発言，「」はこどもの発言）

C君は『好きな動物』というテーマを決め，カードを持って，D君に近づいていった。しかし，何と言っていいのかわからないようで，立ち止まってしまった。そこで，セラピストは＜「何の動物が好きですか？」って聞いてみたらいいんじゃない？＞と伝えた。すると，C君は笑顔で「何の動物が好きですか？」とD君に尋ねた。D君が，「パンダ」と答えると，「ぼくはゾウ」と自分の好きな動物を伝え返した。

はじめは一人にだけ質問をしにいくというプログラムから，全員のこどもに質問をしにいくというプログラムに発展させていった。

EちゃんはF君に「好きな色は何ですか？」と尋ねると，F君は「青色が好きです」と答えた。それを聞いたEちゃんは「私も青色が好き。一緒だね」と言って同じ色が好きであったことを発見し大喜びした。

また，Eちゃんにも好きな動物を尋ねると，「ゾウ」との返答が返ってきて，C君は「ぼくもゾウが好き。一緒だね！」と言って大喜びした。

最後の発表場面ではそれぞれのこどもが質問した内容，それに対する答えをみんなに紹介していった。

みんなどんな質問をしたのか，それでどんな答えが返ってきたのかを全員で共有する中で，「AちゃんとCちゃんは同じものが好きなんだ」，「Dちゃんもそれが好きだったんだ！」とこども同士の関わりが増えていった。

5）こどものクールダウンを狙った活動（手遊び）

このプログラムははじめから設定されている時もあり，臨機応変に取り入れられることもある。本グループのこどもはダイナミックな動きのある遊びをし

た後などに気分が盛り上がると，なかなか気持ちの切り替えがきかないことがあるので，クールダウンを行うことで，気持ちの切り替えを促していく。
【目　的】落ち着いて取り組めるプログラムにじっくり取り組むことで気持ちを落ち着ける。
【内　容】リーダーの促しでセラピストと向かい合って座り，歌を歌いながら手を動かしていく。手遊びの内容はグーチョキパー（指でグー・チョキ・パーを作り，その組合せによって様々なものを表現する），食いしん坊のゴリラ（食いしん坊のゴリラが，様々なものを食べ，食べたものの味を表情を交えたジェスチャーで表現する），ずいずいずっころばし（一人ひとりが指で輪を作り，歌に合わせて順番に指を入れていく）などである。
【留意点】盛り上がった気分のままでプログラムを始めてしまうと，リーダーの説明が耳に入らないことがある。このような場合，「静かにしてください」と大きな声で言うことはせずに，小さな声で注目を促すなどして，こどもの注意をこれからの活動に引き付けることが重要である。

6）ダイナミックな動きを伴うルール性のある遊び（だるまさんがころんだ）
【目　的】ルールを理解し，ルールに合わせて行動をコントロールすること。トラブルが起こった場合には，その時のこどもの気持ちを丁寧に取り上げ，トラブルの解決を目指す。
【内　容】まずオニ役のこどもを決める（以下，オニ役の子供を「オニ」，オニ以外のこどもを「参加者」と呼ぶ）。その後，スタート地点に一列に並ぶ。オニは参加者に準備ができたかどうか確認し，準備ができていたら始める。オニは「だるまさんがころんだ」とゆっくり言う。オニが「だるまさんが〜」と言っている間に，参加者はオニの方に向かって進んでいく。オニは言い終わった後に後ろを振り向き，この時に参加者は動きを止める。オニは，動いている人がいれば指摘し，オニに指摘されたらスタート地点に戻る。これをしばらく繰り返し，参加者がオニのいる所にたどり着き，オニにタッチするまで続ける。オニにタッチしたこどもが次のオニになるというものである（表5-2）。
【留意点】このプログラムはこどもが最も楽しめるプログラムであるが，一番問題が発生するプログラムでもある。そこで，場面ごとのエピソードを交え，留意点を詳細に記述する。

表5-2 「だるまさんがころんだ」のプロセス

オニの動き	起こりうる状況	参加者の動き
(オニを決める)		
オニの位置につく		スタート地点に並ぶ
「だるまさんがころんだ」と言う ・ゆっくり言う ・参加者の方を見ない	・オニが「だるまさんがころんだ」を早口で言ってしまう ・オニが「だるまさんがころんだ」を参加者の方を見ながら言ってしまう ・参加者がオニに全力で走っていってしまう	オニが「だるまさんがころんだ」と言う間にオニに近づいていく ・走らずにゆっくり近づく
言い終わった後で参加者の方を振り向き,動いている参加者がいれば指摘する ・動いた人に言葉で伝える	・オニが参加者に動いたことを言葉で伝えることができない ・動いた——動いてないでお互いの主張がかみ合わない	オニに指摘されたらスタート地点に戻る ・動かないようにする
(繰り返し,参加者がオニにタッチするまで続ける)		
タッチされたら,オニを交代する		オニにタッチする ・優しくタッチする

　プログラムを始める前に,スタート地点にテープで線を引き,始まりの位置・動いた時に戻る位置を視覚的にわかりやすく示しておく。オニが動いた人を指摘する際,突進していくことを避けるためにオニの前にもテープで線を引き,それ以上オニが前に出ないように伝える。

① 「だるまさんがころんだ」という場面

　この場面では,オニの「だるまさんがころんだ」と言うスピード,参加者の方を見ないように言うことが留意点である。

　オニの難しさ:「だるまさんがころんだ」と言う場面では,オニが,動く参加者を見つけたいために,早口になってしまいやすい。また,本来は壁の方に向いて「だるまさんが〜」と言うルールだが,参加者の方を向いたまま「だるまさんが〜」と言ってしまうこともある。このような時は,オニには言うタイ

ミングを示し（せーの！で言い始めるなど），そばでゆっくりと「だるまさんが〜」と一緒に言う対応を行う。

参加者の難しさ：参加者は，オニに対して怒りの気持ちがあっても，直接オニには言えず，一人で「もう嫌！」と腹を立てて，グループから離れることがある。こどもの『嫌だった』という気持ちに寄り添いながら，なぜ嫌だったのかという気持ちを聞いていく。「もういい！」と嫌な気持ちを見せるのだが，なぜ嫌なのかがはじめは言葉にできなかったこどももセラピストやリーダーが気持ちの代弁を行っていく中で「そんなに早く言ったら動けん」ということを大人側に伝えることができるようになった。その段階で，リーダーやセラピストは「オニに伝えに行こう！」と誘い，怒りを表現したこどもとオニとの話し合いを持ち，お互いの中で気持ちを整理していった。

②オニが動いた参加者を指摘する場面

この場面では，動いたかどうかの指摘の仕方が留意点である。

オニの難しさ：動いた人を見つけると，その人に向かって突進して突き飛ば

図5-4　だるまさんがころんだ

して動いたことを主張することが見られた。正当な理由ではあるが，突き飛ばすという行動は受け入れられる行動ではなくそこでトラブルが発生する。行動で示すのではなく言葉で相手に伝えるために線から出ないで動いた人を指摘するというルールが加えられた。

参加者の難しさ：自分の主張が受け入れられないとプログラムから外れてしまったり，相手に対してことばで説明できないために手・足が出てしまうこともあった。

リーダーやセラピストはその時々でこども同士の話し合いの場を持ち，気持ちや主張をきちんと伝えられるように関わりを行っていくことが求められると同時に，トラブルの当事者以外のこどもに対応していくことが求められる。

当初は解決案が出なかったり，受け入れられなかったりした。少しずつ，気持ちを表現したり伝えられるようになってくると，他の活動で行っていたジャンケンを活用して「ジャンケンで決めたらいいよ」などと，自分たちで解決案を出すようになってきた。また，スタートまで戻るのは嫌だというこども同士の意見から，3歩戻るというルールが途中から新たに加えられるなど，こどもたちの話し合いの結果を，プログラムの中に取り入れていくこともできる。

③オニにタッチする場面

この場面では，オニにタッチする行為をどのくらいの力加減で行えばよいのかがわかりづらい。

気持ちが高ぶり意気揚々とオニにタッチをしたつもりでも，激しく叩いていたり，身体ごと突進してぶつかったりということが起こりやすい。

オニが動いた人を指摘する時に突き飛ばしてしまう場合と同じように，こどもにとっては全く悪気はなくゲームのルールにそった行為をしているのである。しかし，実際にタッチされたオニは「叩かれた！」と腹を立てタッチした子を叩き返してしまう。タッチした方は，ルールにそって「タッチしたのに」自分が「叩かれる」のは納得がいかないと腹を立てトラブルはますます大きくなる。

ここでは，「叩いてはダメでしょ！」という対応は絶対に行わない。タッチした方が「叩いた」のではないことを言葉で伝えられるように，またタッチされた方は，タッチされて「痛かった」，「嫌だった」ということを伝えられるように援助していく。

> エピソード4（＜　＞はセラピストの発言，「　」はこどもの発言）
>
> 　A君は，自分が参加者でオニにタッチする時に，B君に勢いよく突進していってぶつかっていった。B君は「叩かれた！」と言って怒り出し，A君を叩き返した。A君は「叩いたんじゃないもん！」と言って興奮し，B君を叩き返そうとする。その場は収拾がつかなくなり，騒然となった。
>
> 　そこで，リーダーはプログラムを一時中断した。セラピストは，まずA君とB君を引き離した。そして，A君に＜（B君は）びっくりしているみたいだよ。タッチしたんだけどちょっと強かったみたいだよ＞と気付きを促した。B君には＜びっくりしたねぇ，強くタッチされて痛かったんだよね。強くタッチされて嫌だったのかな？＞と気持ちを受け止め代弁する関わりを行った。
>
> 　A君ははじめ何のことかわからないような表情を見せていたが，次第にB君の状況に気付き始め，しまったという表情を見せる。
>
> 　B君は『叩かれた！』と思って腹を立てていたが，『叩かれて嫌だった』という気持ちを表現することで，次第に落ち着きを取り戻した。
>
> 　お互いの誤解が解けたことで，A君はB君に「ごめんなさい」と謝った。B君もそれで納得し，リーダーの促しで，再びゲームを再開した。
>
> 　後に同じような場面になった時には，B君は「そんなに強くタッチするのは嫌。謝って」などリーダーやセラピストが介入しなくても自分から伝えられるようになってきた。
>
> 　このような変化が，様々なプログラム場面でも見られ始め，A君もB君も「○○くん（ちゃん）はこうしたかったんだよね」と相手を気遣う様子が見られるようになった。また，以前ならパニックになるような場面でも，自分の気持ちを表現することにより，気持ちを落ち着けパニックにならずに対応できるなどの変化が見られてきた。

　本心としては遊びを続けて楽しみたいという思いがあるにもかかわらず，「もういい，こんな遊び楽しくない！」と，完全拒否することで問題を解決してしまおうとする場合もある。そうした場合には，リーダーやセラピストはこどもの気持ちを推測し表現を促すことと，それを踏まえた上で当事者のこども同士で話し合う場を設ける対応を行うことが重要である。相手の気持ちを少しずつ受け入れられるようになってくると同時に自分の気持ちが伝わったという経験を繰り返すことで，トラブルになっても自分の気持ちを伝えることで解決できる体験を積み重ねていくことが重要である。

④タッチした後に交代する場面

自分がオニをやりたくて交代することが難しいことがある。しかし，タッチされても次に自分がタッチすることができたら，再びオニと交代できるというゲームの楽しさがわかり始めると，役割交代もすんなりと受け入れられるようになった。

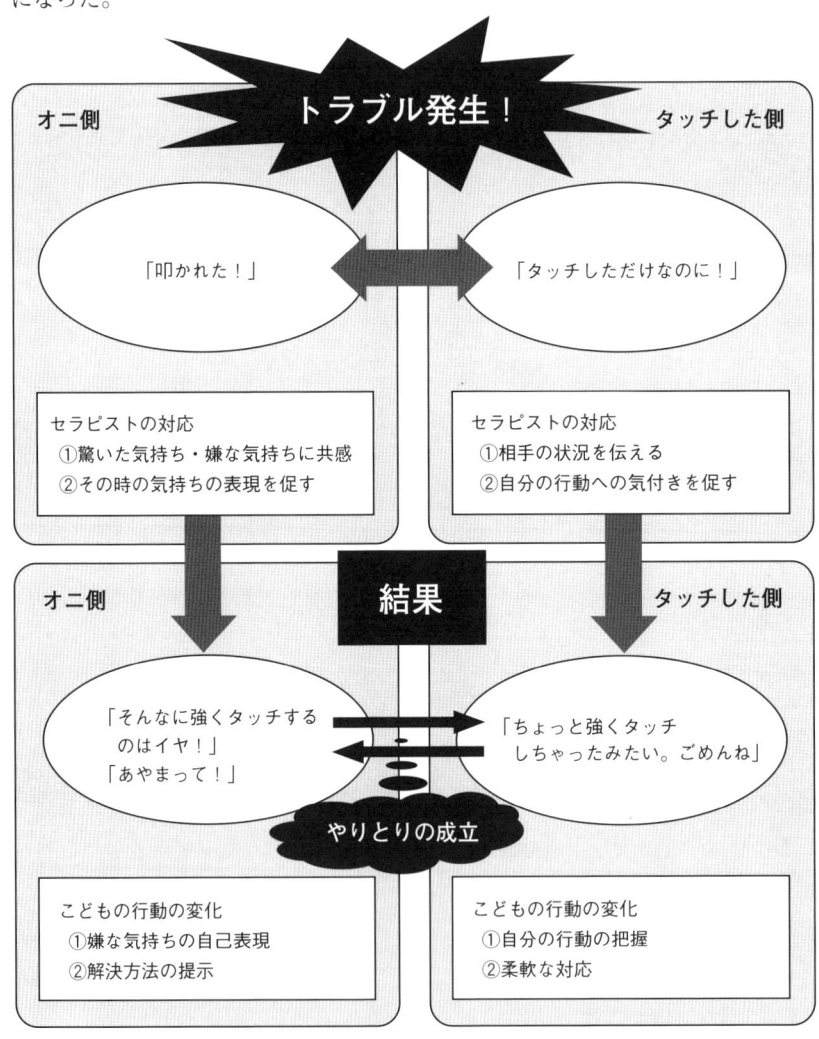

```
                    ┌─────────────┐
                    │ トラブル発生！ │
                    └─────────────┘
   オニ側                                    タッチした側

  ┌─────────────┐              ┌─────────────────┐
  │ 「叩かれた！」 │  ←──────→   │「タッチしただけなのに！」│
  └─────────────┘              └─────────────────┘

  ┌──────────────────────┐   ┌──────────────────────┐
  │ セラピストの対応           │   │ セラピストの対応           │
  │  ①驚いた気持ち・嫌な気持ちに共感 │   │  ①相手の状況を伝える         │
  │  ②その時の気持ちの表現を促す    │   │  ②自分の行動への気付きを促す   │
  └──────────────────────┘   └──────────────────────┘

                    ┌─────┐
                    │ 結果 │
                    └─────┘
   オニ側                                    タッチした側

  ┌─────────────────┐        ┌─────────────────┐
  │「そんなに強くタッチする  │ ←───  │「ちょっと強くタッチ    │
  │  のはイヤ！」          │ ───→  │  しちゃったみたい。ごめんね」│
  │「あやまって！」         │        │                      │
  └─────────────────┘        └─────────────────┘
                    （やりとりの成立）

  ┌──────────────────┐     ┌──────────────────┐
  │ こどもの行動の変化        │     │ こどもの行動の変化        │
  │  ①嫌な気持ちの自己表現    │     │  ①自分の行動の把握        │
  │  ②解決方法の提示         │     │  ②柔軟な対応             │
  └──────────────────┘     └──────────────────┘
```

図5-5　「だるまさんがころんだ」場面におけるトラブル発生時の対応と変化

また，以下のような状況となることもある。

エピソード5（＜ ＞はセラピストの発言，「 」はこどもの発言）

　リーダーが"だるまさんがころんだ"の説明を始めると，A君の表情は次第に強張っていった。スタートすると「違う！そんなんじゃだめ！」と言って怒り始めた。A君は'はじめの一歩が無い'ことに戸惑いを見せていた。セラピストが＜今日は'はじめの一歩'がないんだよ＞と伝えると何とか収まり，ゲームに参加した。しかし，オニにタッチした後に本人の苛々は爆発し，「こんなのだるまさんがころんだじゃない」と泣き始め「もういい！いや！」と繰り返し，外に出て行こうとした。

　リーダーやセラピストはまずしっかりとその嫌な気持ちに寄り添い，その中から，どうして嫌なのかA君に尋ねていった。セラピストが＜何が嫌だったの？＞と尋ねると，はじめはうまく言葉にならず泣き叫んでいたA君も，自分の気持ちに寄り添っているセラピストたちに「違う」と話すことができた。そこで＜何が違うの？＞と尋ねると「えっとね，こうやってね」とルールの違いを一生懸命自分の言葉で伝えようとし「もういい！」という完全に拒否する姿勢が薄らいできた。

　A君の中でのルールは，「はじめの一歩」でスタート地点から一歩ふみ出す。徐々にオニに近づき，参加者の誰かがオニにタッチしたら，全員がスタート方向に逃げ始める。その間タッチされたオニはすばやく「ストップ」と言う。「ストップ」の声で逃げていた参加者は止まる。止まったら，オニは3歩参加者に近づくことができ，3歩移動後オニが参加者にタッチすることができるとタッチされた人が次のオニになるというルールであった。A君の気持ちや言葉を推測し，セラピストがその気持ちや言葉を返していくと段々表情が和らぎ「ルールが違ったから嫌だった」という気持ちの整理へと繋がっていった。

　他のプログラムの中でもあらかじめプログラムの内容を伝えることで対応できたり，逆にあらかじめ伝えたために嫌な気持ちを引きずってしまったりと試行錯誤の中で，対応が繰り返されている。A君が，パニックになる前に，状況を整理し気持ちを汲みとり対応を行っていくことで，A君は「自分はこうしたかったの」，「言いすぎちゃったかな」と相手の気持ちに配慮した発言を行うようになった。

　上記の対応を行いながらセラピーを重ねた後に行われた"だるまさんがころんだ"では，A君のルールとは違ったルールであったにもかかわらず，ゲームを楽しみ，セラピストに対して「こういう（プログラム）ルールもあるんだけど，違うルールも知ってるのよ」と伝えてくる場面が見られた。

7) 活動の振り返りと気持ちの表現（感想タイム）
【目　的】活動を振り返り，楽しかった気持ち，嫌だった気持ち，様々な気持ちを整理し，皆で共有することを目的とする。
【内　容】トライアングルでセラピーを振り返り，その後で感想をこども一人ひとりに尋ね，グループ全体に返していく。
【留意点】セラピストは，その時々のこどもの気持ちを引き出し共有していく。気持ちを表現することが苦手なこどもに対しては，セラピストは無理に感想を言わせようとするのではなく，こどもの気持ちを推測して代弁してみたり，セラピーを一緒に行ったという体験をこどもと共有し，セラピストから見てこどもが楽しそうにしていた場面などを伝えていく。また，遊びを終わりたくない気持ちなどにも共感し，セラピーを一緒にまとめていく。

　トライアングルで話し合いが終わるとその感想をグループ全体に返していく。ここでの配慮・工夫は自己紹介と同じである。また，終わりたくない・プログラムで嫌な場面があったなどから「楽しくなかった」という発言に対しても否定的には捉えず，その気持ちに共感していく。このグループに特徴的な「気持ちをうまく伝えにくい」ということに関して，気持ちを推測し，代弁していくことはこどもの自己表現を促すものとなる。このような促しを重ねていくことにより『なぜ』楽しくなかったのかという『なぜ』の部分を説明できるようになり，「本当は楽しかったんだけど，○○の部分があったから嫌だった」など具体的に気持ちを表現することへと繋がっていった。また，他者の感想を聞いて，楽しかったプログラムが同じであった時，こども同士で「同じのが楽しかったって！」と喜んでセラピストに話しかけてくることも見られた。

　以上プログラムの内容と進め方，その時々に起こる問題と対応，こどもの行動に対する関わり方について述べてきた。グループのスタッフは様々な役割を持ちつつ，グループを構成しているが，一つのチームとなってそれぞれのこどもの難しさに取り組んでいる。セラピストが自分の担当のこどもだけに注目するのではなく，それぞれのセラピストが視野を広く持ち他のこどもやセラピストと連携を持つことが求められる。そのようにセラピストが考えられるように，セラピストの視野を広げていく役割をも担うことがリーダーにも求められてい

る。グループの問題・それぞれのこどもの難しさを担当セラピストだけで対応するのではなく，スタッフ全員で共通理解し，グループとして関わっていくことによって，こどもの他者との関係・やりとりを広げていった。

(3) まとめ

　本グループにおいては，こどもがその場で感じている気持ちにできるだけそう対応を行っている。一つひとつの行動が適切かそうでないかではなく，そこにどのような気持ちが含まれているかということを意識しながら関わっていくことがセラピーを行う原則であると考える。

　そのためにも，グループの方針を検討していくカンファレンスの場では，担当しているこどもだけを理解することを目指すのではなく，参加しているすべてのこどもを理解していくことを目指していくことが重要で，グループでの各セラピスト間の意見交換を重視している。リーダーは，こどもの状態把握はもちろんのこと，セラピストの状態の把握にも努め，グループ全体の力動を踏まえながら全体をまとめていくことが求められる。

【文　献】

別府　哲　2002　1.はじめに―児童期の発達の様子　石川道子・辻井正次・杉山登志郎（編著）可能性ある子どもたちの医学と心理学　ブレーン出版　pp. 103-108.

花熊　暁　2002　ADHDの行動分析　臨床心理学, **2** (5), 590-593

6

状況認知の偏りによる対人的困難を示す小学生の自己表現を促すグループセラピー

1. グループのこどもの特徴

　本グループのこどもの特徴に関しても，第1章に述べている「グループセラピーにおける集団の均質性」の視点から整理してみる。

　1）知的発達水準　　本グループは，WISC－Ⅲ下位項目における能力にばらつきは見られるが，総合的な知的発達水準としては比較的高いこどもが対象となっている。言語的コミュニケーションにおける困難はほとんど見られず，困難性が見過ごされやすい特徴を有している。ただし，個別的に違いはあるが，具体的状況，構造化された状況を全体的に把握して一般的な対応をすることは可能である一方で，細部への関心が向きにくいまたは細部への関心が向きすぎるなどの特徴を持つことがある。全員通常学級に在籍しており，一部，通級指導教室における指導を受けているこどもも含まれる。

　2）生活年齢　　小学2年生から小学4年生までのこどもたちで構成される。彼らは，独特な認知と思考，アイデアを生み出す創造性を持つ一方で，同年齢のこども集団の中でそれらは認知的な不器用さ，不適切な表出と見なされることが多い。したがってこの時期は，学校を中心とした日常の社会の中での疎外

感や，自分の持つ対人関係の築きにくさへの気付きが彼らの中に芽生え出す時期と考えられる。それに伴い，他児に対し自己表現を抑制してしまう態度を示す特徴のあるこどもたちが対象である。

3）行動と思考の柔軟性　本グループのこどもたちは状況認知に偏りがみられるが，ある程度柔軟に行動を調整することができる。急なルールの変更にも柔軟に応じることができる。その一方で，ルール理解の際，ルール提示者に注意を向けることの難しさ，言語での指示の適切な理解の難しさが生じる場合がある。それを補おうとして，自分なりのルール解釈が広がり始めると，自分のアイデアから関心を逸らし，当初のルールを理解し，納得し，受け入れるまでには時間がかかる。

また，自分にそのような行動特徴があるにもかかわらず，他児の不意の行動やルール違反に過剰にこだわる一面が見られることがある。ただし，他児の行動を理解したり納得できていなくとも，社会的ルールや相手とのその後の関係性に思いをはせた時に，他児とぶつかり合う場面を回避するような柔軟な行動は見られる。

それから，ゲームや遊びをより面白いもの，自分にとって魅力的なものへと変えていく豊かな知識とイメージといった創造性を有している。創造性が生かされる大人との場面では生き生きと活動する。ただし，他児と共有するには説明が不十分であったり独創的であったりする。

4）多動性・衝動性・注意の転導性　多動性・衝動性はそれほど高くない。グループリーダーの指示に即して着席し，説明を聞くことが可能である。

ただし，自分の興味のある刺激などへ反応しやすいという特徴は見られる。退屈だと感じたり，言語的コミュニケーション中心の活動などで状況の理解が困難になると，集中していることが難しくなり，離席行動やおしゃべりなど，注意の転導が生じる。

多動性・衝動性・注意の転導性の高いこどもたちの中に一緒にいると，自己表現は乏しくなり，非常におとなしく目立たないこどもとして捉えられるようなこどもたちである。

5）社会的志向性　本グループのこどもたちは，社会的志向性は高い。特に他者の評価を気にすることはしばしば見られ，他者への関心は高いといえる。

ただ，本人は好意を示すつもりでも他者が嫌がるような接し方となってしまう，自分の予期しない反応が返ってくる不安があって他者のそばに寄ることができないなど，他者へ積極的に関わるには難しさが見られる。

6）**情緒的特徴**　生まれながらに持つ対人関係のとりにくさに影響されて，他者から疎外される経験を積んできたことがあり，他者とぶつかり合う場面への不安感が高い。また，他者から否定的な対応をされる経験も多く，自分はコミュニケーションをスムーズにとることが不得意である，友達になかなか受け入れてもらえないといった自己評価の低さが見られる。

以上の点より，本グループのこどもたちの特徴を総合して捉えるならば，①他児に対し関心は高く，一緒に遊びたいという思いを強く持っており，②会話によるコミュニケーションは可能であるが，状況認知に偏りがあり，独自の状況認知に基づく不適切な表出が起こりやすいため，③疎外感を受けた経験の積み重ねが多く，こども同士の相互交渉に不安を抱き，④こども同士が関わる場面において身を引いてしまう，自己表現を抑制してしまう態度を示す小学生たちである。

2.　セラピーの目的と留意点

こどもたちの特徴から，彼らには経験により重ねられた自己評価の低さと相互交渉への不安が強く，サポートを必要としていることが窺われた。

そこで，本グループのねらいは，自己評価を高め，相互交渉への不安を低減していくこととした。自分らしく参加することに自信を持つことができるようになり，こども同士の関わりを楽しいものとして捉えられるようになることである。

そのために，集団の場で自己表現をして認められる体験，こども同士の直接的な関わりの中でうまくやれた体験を重ねられるように配慮している。また，こどもたちの生得的な特性がこのような体験の妨げとならないような配慮を適宜行う必要がある。

(1) 集団の場での自己表現を促す

　本グループのこどもたちは，表現力は十分有している。しかし，表現をするための自信が低下している。自信や自己評価を高めていくには，他者から認められる体験が不可欠であると考えられる。そこで本グループのこどもたちにとって大人も含めた集団の場で自己表現をし，他者からの承認を得ることは非常に重要な体験目標となるといえる。

　目標を達成するにあたり，基本的に自己表現をしやすい環境作りとして，こどもたちの居場所となるような雰囲気を大人が積極的に作り上げるように工夫した。例えば，肯定的なフィードバックを行うことなどである。また，知的発達年齢，生活年齢より，年齢相応のこどもたちの興味関心を持てるような活動を考えた。行動と思考の柔軟性の面より，自分なりのルール解釈に関心が逸れると他者に認められるような自己表現になりにくいため肯定的なフィードバックも困難になる。そこで先の見通しがはっきりし，状況が視覚的に明確に伝わり，こどもが「今，ここで」何をすればよいのか理解し，他者と共有できる構造化されたわかりやすいルールをはじめから提案することに留意した。

　1）自己表現へ消極的なこどもへの対応　　集団活動への消極性は，集団が自分にとって安全であるかどうか，自分の居場所となりうるのかの判断が付かないでいることの現れとして，多く見受けられる。このようなこどもに対しては，基本的に Mth がこどもの気持ちに寄り添う。また，Mth が他児の表現及びその表現が集団の中でどのようなフィードバックを得たかどうかについて注目を促したり，Cth が不器用な表現を行いそれでも集団に受け入れられているというモデルを示すなど，安全であることの理解を促す。さらに，グループ全体の取り組みとして，発表形式の自己表現の場では，事前にトライアングルで発表内容を整理しリハーサルを行う時間を設けて心身の準備状態を整えられるように配慮している。

　2）活動理解の難しいこども・不器用なこどもへの対応　　言語発達は標準的でありながら，状況を総合して認知することに困難を示すこどもがいる。そのようなこどもたちは，ことばによる伝達ばかりに頼ると誤解や混乱を招くことがあり，それをこどもたちも自覚しているので，いざ自己表現の場になると場に適切な表現ができるかどうかという不安が高まる。また，状況は理解して

いても実際に不器用さを有している場合，表現活動そのものが失敗体験に繋がる危険がある。そこで，十分な言語発達能力を保持していることを認識した上で，視覚的にも状況がはっきりと伝わるような工夫を行っている。まず環境を整えるための工夫として，Mth はこどものからだをイスごと発表者の方へ向けるなど，自然とこどもが注意を向けるべきところに向けられるようにする。グループ全体では，全体を発表者と観客とをはっきり分けるように配置したり，活動の始まり，終わりを挨拶や拍手，場所の移動（例えば，休憩場所から発表場所へ移動する）などを通して時間の区切りも明確にしている。活動内容の工夫としては，自己表現はことばに限ったことではないので，こどもたちが自分の想像力をも生かした自由な表現ができるよう，ポーズ，ジェスチャーや鳴き真似など，取り組みやすく他児に伝わりやすい身体全体を用いた表現方法を大切にした。

3）**表現方法がまとまらないこどもへの対応**　事前にトライアングルで発表内容を整理しようとしても，こども自身どのようなことを表現したいのか Mth に伝えるだけの表現がまとまらない場合がある。このような場合，こどもの案を待っていても，こどもも混乱していることがあるので，トライアングルの中でセラピストがこどもの興味関心に配慮しつつ積極的に例を提案していく。実際に提案される例があると，こどもは「違う」，「もっとこういうことを」というように自分の意見や気持ちを整理していくことが可能となる。セラピストはそのようなこどもの様子を見計らった上で，集団の場での自己表現が可能なように順序や表現方法を整えていく。また，他児のトライアングルの話し合いの様子を見学に行くことも例を得る一つの手がかりとなるようである。

4）**他者へ伝わりにくい独特な表現をするこどもへの対応**　他者が喜ぶであろうと意図して表現するものの，他者が理解しにくいような独特な表現をするこどもがいる。時間をかけて Mth が聞き出すと，こどもなりの筋は通っており，理解することが可能であるが，求められている時間の中で他者にそのこどもの意図が伝わりにくい場合である。これもトライアングルの中で，Cth が「もっとどういうことか教えてほしい」と伝えたり，Mth が「こういう風にすればもっとよく伝わるかもしれないよ」と修正を加える中で，こどもの意図を生かしたままさらに他者に伝わる形へと表現を整えていく。先に述べたような，

ことばによらず身体全体を用いた表現方法も組み入れることで，他児へ伝える自信も膨らませていく。決して，こどもの案を否定してはいけない。良い，悪いという問題ではなく，人に伝わりやすい，伝わりにくいの問題なので，より伝わりやすい表現にしていく過程を楽しめることが，自己表現に自信を持つためにも重要である。

(2) こども同士の直接的な関わりを促す

　本グループのこどもたちは，セラピストとのコミュニケーションには困難をあまり示さない。はじめの出会いこそ緊張する様子が見られるものの，すぐに楽しく遊びに誘ったり誘われたりするようになる。それは，セラピストの受容的関わりをすぐにキャッチする力を有しているからであると思われる。また，こどもたちはセラピストに対して重いものを持っていれば手伝ったり，「大丈夫？」と声をかけたり，わからないことを教えようとするなど，細やかな気遣いを見せる。しかしながら，こども同士となると，社会的志向性は高いにもかかわらず，どのような応答がくるのか不安なのであろうか，距離を置いて接する様子が窺われる。一見すると非常によそよそしい関係に見える。日常場面でもこども同士での関わりに対しては苦手意識，自己評価の低下が生じていると思われる。本グループのこどもたちにとって，セラピストのサポートを得ながらも，こども同士の直接的な関わり体験を重ね，こども同士の関わりに自信を持つことは非常に重要な体験目標となるといえる。

　目標を達成するにあたり，こどもたちの知的発達年齢や生活年齢よりも，こどもたちがまさに発達段階として仲間集団を形成していく年代であることを考慮すること，行動と思考の柔軟性の面より，他児の不意の行動やルール違反に過剰にこだわる一面が見られることがあるため，折り合いを付けていく体験を促していくことが工夫点として考えられる。積極的に友達に働きかけることが難しい状況であったので，プログラムを通して自然とこども同士の交流が生じるような活動になるように工夫し，友達と過ごして楽しいと感じられる体験を重ねることを重視した。

　また同年齢集団の中で他児との葛藤場面が生じることに不安を持ち，積極的になれないこどもたちがまずは安心して参加できるように勝ち負けのないルー

ルを設けること，友達との交流が生じるきっかけになるように全員で協力して取り組んだ達成感を得られること，楽しめるようなストーリー設定を行うことに留意した。

さらに，こども同士の直接的な関わりを促すためのプログラム内容として，①相手とタイミングを合わせてゲームを成立させる活動と②創造力を活かしつつも他者との相互交渉が可能な心理劇的手法を用いた活動のいづれかを取り入れるようにした。プログラムを決定する際の留意点としては，①では集団活動への積極的参加を促す際と同様のことに加え，身体的にも他児に接近する必要があるようなルールを設けること，ルールの一つとして自分のペアを明確に設定し他児に接近しやすくすること，他児に合わせた自己行動調整の手順が具体的であり，他児に自分の工夫を伝えることが容易になること，お互いが楽しく活動できるように取り組めることに留意した。②では，創造性を広げることが可能である一方で他児とも創造されるものを共有することができるようなテーマを用いること，イメージしたものがグループ全体で共有できるように身体表現が利用できるようにすることに留意した。

1）他児へ行動を合わせることが難しいこどもへの対応　　こどもが他児へ行動を合わせることが難しい場合，いくつかの原因が考えられる。

他児の意図が伝わらない場合，必然的に他児へ行動を合わせることも難しくなる。相手の話に耳を傾けられるような働きかけを言語的にばかりでなく，意図を具体的行動に置き直し身振り手振りなどの非言語的手段も合わせて用いる。これは，一人のセラピストの努力では実現しない。まず，意図を伝えようとするこどもの側の Mth と Cth は，そのこどもの意図が伝わりやすいように整理，要点を強調化する。特に"伝えたい気持ち"をいかに繋いでいくかの工夫が必要である。行動を合わせなければならないこどもの側の Mth と Cth は，意図の伝達ばかりでなく，こどもの"わからなさ"——ここはわかる，ここはわからないといった点——についての相手への代弁，もしくはこどもが発言しやすくしていくことも必要である。2つのトライアングルが互いに主張し合うことが，現在のつまずき点，次の妥協点を明らかにすることになる。ルールのある活動では，さらにルールという一般的規則が条件として入るので，ルールと照らし合わせて他児の行動を理解するよう促すことも一つの方法となる。心

理劇的手法を用いた活動では，非言語的手段や移り変わる状況の操作によって行動を整えていくことができると思われる。

こども自身の予測する，期待する結果に結びつかない場合にも，他児へ行動を合わせることが難しい事態が起こる。その際にも，先に述べたことと同じように，状況に応じたお互いの気持ちを伝え合うことができるような2つのトライアングルの協力が有効であると考えられる。

2）他児に自分の気持ちを伝えることが難しいこどもへの対応　他児に自分の気持ちを伝えることが難しいこどもへの対応として，一つは先に述べたような自己表現を促していく対応が考えられる。また，もう一つ留意したいことは，気持ちを伝える際の，他児の評価や反応に対する不安への対応である。具体的な相手を前にして自分の気持ちを表現することは，相手の反応に直接さらされることとなるため，相手の評価や反応がダイレクトに自分に返ってくるという不安が生じる。まずこどもの気持ちを Mth との間で話し合い，整理する。Mth はその気持ちを支持し，表現する機会を整えて表現してもらうことが基本的な対応となる。ただし，気持ちがことばにならない，話し合う時間がその気持ちを伝えるチャンスを損なうという場合には，それまでの流れの中で Mth が感じてきたこどもの気持ちを，推測ではあるが代弁していくことも時には必要である。Mth がこどもの気持ちをあたかも自分の気持ちであるかのように"わたし（Mth）は今こう思っている"と他児に伝えることで，こども自身の気持ちも"同じことを思っていた"と明確化が促される可能性がある。また，そのような Mth の行動モデルへの他児の評価についても観察することができ，それが良い評価であれば，"自分もやってみよう！"という今後同じ状況が生じた際の積極性を生み出すことに繋がっていく。良くない評価を得たとしても，その評価を受けた上で，Mth が妥協したり，気持ちを切り替えたり，あらためて他児に自分の気持ちを表現し直す，というような対応をすればそれ自体がモデルとなり，こどもの励みになると思われる。この対応は Mth に限らず，Cth がとることで，モデルを前にして揺れ動く気持ちを Mth がサポートするということも可能になる。

3）独自の解釈・状況理解が広がりやすいこどもへの対応　自己表現を促す際にも留意の必要なこどもであるが，こども同士の直接的な関わりの中では，

その特徴へのサポートの必要性がより明らかになってくる。もしくは否定的な反応を受けた経験の積み重ねにより，表現しないという対処を行うこどもも多い。自己表現を促す際と同様に，トライアングルの中でこどもの意図は生かしたままさらに他者に伝わる形へと表現を整えていく，ことばによらず身体全体を用いた表現方法も組み入れることで，他児へ伝える自信も膨らませていくことも大切なことであるが，状況が移り変わりやすい場合も多く，じっくりと話し合いをしても，それが相手のこどもに正しく伝わるところまで整理して，本人に取り組んでもらうことは難しい。

　そこで，できる限り独自の解釈や状況理解が広がりにくく，こどもたちが共通して認識することのできる環境を整えておくことが最優先となる。その上で，独自の解釈や状況理解が生じた際は，できる限り現在の活動の文脈にのせていく形で，相手のこどもとのやりとりへの意欲を引き出していく。例えば，独自のルールを提案してきた場合は，全体でそのルールをどのようなものであるかを確認し，次の回から採用することを決定する，というように全体に一度提案を預けることも可能である。また，心理劇的手法を用いた活動では，リーダーが場面を全体に明確に伝えていく中で，こどもの案と現在進行の活動を加味した場面を作り出すことが可能である。そのために Mth らはこどもの案がどれだけ共有可能な具体的なものになっているかを判断する必要がある。移り変わる場面の中で，ことばに頼ることなくこどもの言動に細心の注意を払ってこどもの状況認知の在りようをつぶさに捉え，全体の場面の動きを予測しつつこどもの案が採用される形やタイミングを計って，全体に提案する必要がある。もちろん，伝わりにくい提案には自己表現時と同様により伝わりやすい表現にしていくことが欠かせない。

3. プログラムと進め方

(1) グループ活動の流れ

　1回のセッションの基本的な流れは以下の通りである。
　　①始まりのあいさつ
　　②出席者・欠席者の確認

③プログラム（1〜2つ）
④シェアリング
⑤終わりのあいさつ

1）始まりのあいさつ　活動開始の意識付けを行う。状況認知の苦手なこどももいるため，こどもとMthの人数分だけイスを準備し，イスを車座に並べておく（Cthはこどもの後ろに待機）。すると入室したこどもはイスに座り，あいさつがあることを予測することができ，号令係が誰であるかに関心を向けることができる。これは，活動開始の意識が曖昧になり，注目すべき時に注目できない，活動したくても話が耳に入らず状況がわからないなど，こども自身が混乱する状況が生じることを回避するための工夫である。

　本グループでは，あいうえお順にこどもたちに号令係を担当してもらっている。号令係を任されることで，活動開始の意識付けを高めてもらうこと，集団の場で注目される中で役割を果たす体験を促すことを目的としている。また，係でない側が他児への関心を高めることにも繋がる。集団場面への緊張の高いこどもが先の見通しを持てること，全員に係の機会が均等に回るように順番を設けている。

2）出席者・欠席者の確認　グループのメンバーへの注目，集団としての一体感，仲間意識を再確認する機会となっている。ここでは，欠席者のMthから欠席者の名前と欠席理由を伝えている。グループの経過とともに，こどもたちから自発的に「今日は人が少ないみたいだ」，「○○君が来ていない」などの発言が表出される。「学校行事で休み，僕もそういうことあるよね」など他児を自分の経験と照らし合わせて理解しようとしていることを表現する者も見られる。

3）プログラム　プログラムについては，およそ50分間でできるものを行っている。本グループでは1，2個のプログラムを設けることが多い。2つプログラムを設けていても，状況により一つ目のプログラムをじっくりと行う場合もある。詳細については後述する。

4）シェアリング　再び車座になり，一日の活動を全員で振り返る時間としている。感想を述べ，楽しかったことや感じたことを共有することを目的としている。

多くのこどもたちが「どうだったか？」と尋ねられても気持ちをことばにして答えることが難しいので，セラピストは「今日は何をしたかな？」と尋ねることで，活動内容を答えたり，具体的なポーズをとるなどの表現ができるよう促し，こどもが最も印象に残っていることを引き出せるような工夫を行っている。また，他トライアングルのセラピストから「〇〇くんの△△というアイデアになるほど！と感心しました」などのフィードバックを行い，一人ひとりのこどもが自分の活動を振り返るだけでなく，他児がどのような参加の仕方をしていたのかを振り返る機会としている。

　5）**終わりのあいさつ**　　始まりのあいさつと同様に行う。

(2) プログラムの具体的内容と留意点

本グループで行ったプログラムを3点に分けていくつか取り上げ，具体的内容と留意点について述べる。

1) グループ全体が一つのルールにそって活動するプログラム

①見えないなわとび

【目　的】身体全体を使って集団活動に参加する。友達と同じ動作をすることにより一体感を味わい，集団活動に参加し，皆と同じように"活躍できる自分"を実感すること。

【内　容】セラピスト2人による"なわを回すかのような動き"に合わせて"あたかも縄があるかのようにして跳ぶ"というルールである。はじめは一人ずつ跳び，最後は全員でそろえて跳ぶ。

【留意点】

(i) わかりやすいプログラムを組み立てる

知的発達の能力のばらつき，行動と思考の柔軟性に配慮し，"動きを合わせて跳ぶ"という身体全体を用いることが可能で，単純で構造化されたルールは，こどもたちが頭を悩ますことなくすんなりと取り組めるものである。また，不器用なこどもも実際の縄ではないので少々タイミングがズレても"跳べた"という達成感を得やすい。一人ずつ跳ぶ際には，みんなの注目を浴びる中で"跳ぶ"という自己表現と「跳べたね」という他者の承認を得る機会とする。全員で跳ぶ際には，友達と一緒に活動することができ，その中で「せーの」と掛け

声を提案したり，友達が跳びやすいように場所を詰め合うなどの友達との直接的な関わりを持つ機会とする。

(ii) **イメージを作る**

イメージを共有する活動であるため，まずはなわとびをした過去の経験があるかどうかを想起させ，腕を回すセラピストの動きへの注意喚起を行い，モデルを示した。また，タイミングを要する際には「せーの」，「1，2…」など随時声かけを行った。

(iii) **自己表現を引き出す**

跳ぶことに余裕が出てきたこどもには，セラピストが縄に引っかかって見せると，こどもは他者へ関心を向けるばかりでなく，集団場面で自然と自分らしさを行動を通して表現する機会が得られる。本グループでは，転んだセラピストをとっさに助け起こす，セラピストに自分が縄の回し手のどの動作に注目しているかを述べるなどの助言をすることが見られた。

図6-1 見えないなわとび

跳ぶことにばかり関心が向き，友達や周囲の様子に注目が向きにくい，もしくは友達に関心はあってもそれを表出することが難しいこどもは，全員なわとびの際の並ぶ順序を友達と隣同士や並ぶような配置に誘導している。

エピソード1（＜＞はセラピストの発言，「」はこどもの発言）

　"見えないなわとび"の際，跳ぶことに夢中になったB君の足をA君が踏み，B君が「痛い！」と言った。リーダーは場面を切り，A君とB君にどのようなことが生じたか，2人の気持ちを聞く場を設けた。すると，A君は表情をこわばらせてB君の前に立ち自発的に「ごめんね」と言い，B君は「いいよ」と答え，2人はその場から身をよけようとした。B君は輪から黙って離れ，A君からは「なわとびは危険だ」との意見が出され，周囲にいた他のこどもたちにも非常に楽しく取り組んでいたにもかかわらず，「危ない」，「次は自分が踏むかもしれない」，「もう疲れた」などと口にし，見えないなわとびそのものをやめることで他者とのトラブルを避けようとする様子が見られた。そこで，セラピストらは，社会的スキルを用いてこどもたちはこの危機を脱したが，気持ちの上で納得した解決策ではなかったと判断し，A君のMthはA君のそばに立ち＜悪かったな…，でも跳ぶことがとっても楽しくてうっかり踏んじゃったんだよな…＞と心を推測してそばで語り，B君のMthがB君の後ろ立てとなり＜そうか。わざとじゃなかったんだ。でも突然のことでビックリしたし，痛かったよ＞と言った。こどもたちは皆黙って聞いていた。リーダーが「さあ，どうやって続きをしようか」と声をかけたところ，B君は「順番を守ったらいいと思う」と言った。他児からも「いちにいさんって言ったら？」と提案があった。ゲームを再開したところ，「いくよ！いちにいのさん！」など声をかけ合うことがセラピストからこどもたちへと広がり，「あの手を回すところをよく見ていればいいんだよ」と自分の工夫をA君が口にし，リーダーから全体へA君の行動を紹介していくことができた。

---

②ゲートボーリング

【目　的】ボールを介し，集団活動の中で自分の能力を生かす，再発見する体験を通し，自己評価を高める。全員で一つの目的をやり遂げるという連帯感を味わう中で，集団活動への自信を付ける。

【内　容】全員で車座に座り，中央に一人ゲート役が立つ。制限時間の間に全員で協力して一つのボールを何回ゲート役の足の間にボールをくぐらせることができるかに挑戦する。

【留意点】
(i) わかりやすいプログラムを組み立てる

　知的発達の能力のばらつき，行動と思考の柔軟性に配慮し，構造化された配置，"ゲートにボールをくぐらせる"という大きな一つのルールを設けた。また，ボールを投げることに熱中しすぎず，ボールをゲートの向こう側で受けるこどものことを配慮できるよう，"ボールは投げない，ころがす"ことを全員で約束している。

(ii) グループでの自己表現を促す

　ゲートには柔軟に動けるセラピストを配し，まずはゲートにボールをくぐらせることができたという達成感を得られるように配慮した。ボールを一つにしたことは，場の混乱を避けるばかりではなく，ころがす順番が個々のこどもの注目が集まる機会となり，ボールをころがすことで他児への自己表現となりうると考えたからである。Mth は率先してこどもの工夫した点について本人とグループに大きく取り上げるようアピールし，また Mth が気付かない良い面を

図 6-2　ゲートボーリング

発見した他セラピストも気付いたことをフィードバックするように心がけ，こどもが"できた"気持ちを実感しやすいようにすると，自己評価を高めるきっかけとなる。Mthがこどもの嬉しい，がんばった，といった気持ちを代弁することもこどもに伝わりやすい方法だと思われる。

(iii) **友達との関わりを促す**

　ゲートをくぐらせることが十分に達成されたこどもには，ボールを投げるチャンスが全員にいきわたっているかへの気付きを促し，隣の友達にパスを出すなど，友達と直接関わる機会とする。こどもたちは，自由遊びでは友達にどのように声かけをしたらよいか戸惑うことが多いが，このような場では，ボールを介することで声をかけやすく，また友達にも声かけの意図が伝わりやすいようである。MthらもしくはCthらがはじめは間に入ると，それがモデルとなり，こどもたちも動きやすくなるようである。

　制限時間後は，全員でバンザイをしたり，ハイライトシーンを振り返ったりすることが，"全員でやり遂げた"という充実感と，貢献できた自分への自信を実感すること，次の活動へ気持ちを切り替えることに結び付く。

(iv) **こどもの創造性へ対応する**

　この単純なルールは，こどもたちの創造性を刺激するようである。こどもたちは，この遊びをさらに面白くするルールを提案してくる。自発的な提案を自己表現の機会に結び付けることは，こどもたちの自己評価を高めることになるといえる。このような場合，「誰のルールで行う回か」を明確にしてルールを取り入れる。例えば，本グループでは一日目は"大人のルールで行う回"としてこどもの提案は受け入れなかった。こどもの提案を平等に取り扱うには時間が足りなかったからである。自己評価の低いこどもたちにとっては一人ひとりが平等に自己表現の機会を持つことは非常に強い関心を持つことである。そこであらためて次の会の際に"こどものルールで行う回"を設けた。「加えるルールは一人2つまで」，「A君ルールの回，B君ルールの回…と各こどものルールの回を設ける」と条件を決め，はじめにトライアングルでの作戦会議時間を作り，Mth，Cthとともにこどもたちが自分の希望やイメージを整理し，友達にも受け入れられる案になるような検討を行い，全体の活動に入った。ボールのころがし方やとり方，ゲートの動き方をルールに取り入れるばかりでなく，

「A君がゲートになる」といったルールを提案するこどもも多く，こどもたちの他児への関心の高さが窺えるとともに，こども同士の関わりのきっかけとなった。ただし，呼ばれないこどもが気落ちすることがあり，Mthのフォローや別の形での集団の前に立つ役割や友達と直接関わる機会を提供し，こどもが気持ちを立て直して家に帰ることができるように配慮する必要がある。

エピソード2（＜ ＞はセラピストの発言，「 」はこどもの発言）

　"ゲートボーリング"にて，A君は「ゲートがラジオ体操をして・・・」と独自のアイデアを提案しようとしたが，説明が長くわかりにくいものであったため，他児の注目が逸れて場が雑然としていった。Mthらは整理して伝達しようと試みたが，B君からは「うるさい！」と叫ぶ声が上がるようなことがあった。そこで，リーダーの判断で＜今日は時間がないので，リーダーの案で進めます＞とA君の提案は後日に持ち越すこととした。するとA君は突然「暑くて気分悪い」と訴えグループを離れた。突然A君が気分不良を訴えてみんなの注目を喚起させることは数回繰り返され，他児の中にはゲームが中断されたことに苛立つこどももいた。A君のMthは，A君が現在調子が悪いということをグループ全体に伝達し，"休憩所"という場所を設けてA君が意味を持っていられる場所を作り，A君の訴えに耳を傾けた。すると，他児らがA君に少し近寄り，「痛い？」，「どこ？」と自発的に声をかけたり，B君が近くまで見にきてくれたことにより，A君はグループ活動に復帰することができた。また，C君から「やろうよー」と誘う言葉があり，A君は気持ちを切り替えあらためて参加することができた。

　後日，あらためて"こどものルールで行う回"を設けた。全体でのルールの提案前にトライアングルでの作戦会議タイムを設け，提案したいアイデアの整理を行うようにした。その回では，「次はA君の番だね！」と他児から声が上がったり，ゲームをする中でゲートをくぐりきったかどうか判断に迷う場合も，「今はA君の回だからA君にセーフかアウトか聞いてみよう」と発言するこどもが出てくるなど，A君は自分の注目される機会が確実に設けられ，安心してグループに参加していた。

---

③王様とおおかみ

【目　的】集団の中で自己表現し，それが認められることを実感する体験，及び友達の表現を模倣する中で友達の様子についても気付きを広げる。集団活動の中で自己表現できることを通して，自己評価を高める。

【内　容】おおかみ役のセラピストを一人用意する。全員で車座に立ち，王様役を一人決める。それ以外は王様を守るナイト役である。おおかみに知らせず王様役を決め，ナイトは王様と同じポーズをとり，王様が誰であるかをおおかみに見つからないようにする。王様役は交代を繰り返し，最後までおおかみに王様が見つからなければナイトの勝ちである。

【留意点】
(i) わかりやすいプログラムを組み立てる

　知的発達の能力のばらつき，行動と思考の柔軟性に配慮し，構造化された配置，"みんなで王様のポーズを模倣する"という大きな一つのルールを設けた。ストーリーを取り入れることで，ルールを守ることの楽しさや，ストーリーからくる創造性の面で個性を引き出すことができる。自己表現の苦手なこどもも，ルールとして自己表現の場を受け入れることができ，集団からのフィードバックがポーズという視覚的なものにより保証される構造になっている。

　王様役は，基本的にこども全員にいきわたるように，あらかじめこどもたちの納得のいく方法で順番を決定し，おおかみに見つからないようにそれ以外の全員には予告しておく。こどもたちの希望ですんなり決定する場合もあるが，

図6-3　王様とおおかみ

希望が重なった場合はどのような方法でどちらのこどもの希望を優先するのかをセラピスト側は計画しておく必要がある。評価や勝負に敏感なこどもたちだからこそ配慮を要する点である。このプログラムの本質的な部分ではないため，リーダーが決めてしまった順番を提案する，あいうえお順など，こどもが納得する基準で順番を提案するなどで対応することもある。いずれの場合も，Mthはこどもに適切な順番を前もって考え，リーダーと打ち合わせておく必要がある。例えば，自己表現にかなり消極的なこどもやモデルがないと状況認知に時間を要するこどもには後半の順番が望ましいと思われるからである。

(ii) 表現するものの決定を促す

王様役が決まると，早速始めたいところであるが，表現方法がまとまらないこどもや，他者へ伝わりにくい独特な表現をするこどもへ対応するため，ポーズをトライアングルで考える時間を設ける。こどもたちには創造性の豊かなこどももいるため，"3つまで"などとポーズの数も平等に割り当てる。どのようなポーズがいいか，ことばばかりでなく実際に身体を動かし，リハーサルまでできるとどのこどももイメージができてくる。王様のポーズであり，ナイトたちが模倣できなければおおかみに見つかってしまうというルールから，他児ができないような独特なポーズを考え出すこどもには，他児にもできるかどうかという点で他者の立場に立ったものの見方を促すことができる。

(iii) グループの中での自己表現を促す

「第1の王様の回」など明確に回を区切り，スタートする。ポーズを新ポーズに変更する際は，おおかみに目隠しをし，「いちにのさん！」などかけ声を全員で入れると動作に音が加わり一体感が生まれた。一つひとつの時間の始まり，終わりを明確にすることが，自己表現するこどもも，他児にうまく注目できないこどもも，他者に伝わる形でその自己表現や関心を最大限に表明できる機会を作ることとなる。

おおかみが王様を見つけられずに最後の王様までポーズをとりきった時，強い満足感を得られる様子であった。

> エピソード3（＜　＞はセラピストの発言）
>
> 　"自己紹介"のような発表の場で，A君は緊張が高く，自分の番になり注目されると口ごもり，考えるための時間を多く要し，Mthもしくはリーダーに小声で話すことがやっとの状態であった。Mthは＜そう言ったらいいよ＞とAくんの言葉を保証し，＜もう少し大きな声で皆に向かって言ってみようか＞と他児の方へ身体を向けるように促したが，A君はもじもじと背を向けるばかりで応じることが難しかった。そこで，MthはA君の言葉を代弁して伝えたところ，A君はその後の他児らの反応をそっと窺うような様子を見せた。A君は，他者の前に出ると緊張することがあるとともに，何を表現しようかと言葉を選び出すと，言葉に迷い自分の考えを整理することが難しいようであった。
>
> 　そこで，リーダーはA君が自分の番までに心の準備ができるように順番をあらかじめ予告し，A君の順番は遅めに設けることにした。"王様とおおかみ"のトライアングルによる作戦会議では，A君はポーズの発想が難しいようであったが，A君が日常興味関心を持っている"サッカー"について＜どのようなポーズがあるの＞とMthらが尋ねると，実際に身体を使って表現し，リハーサルを十分に行ったところ，本番でも王様として自分の番をうまく切り抜けることができた。緊張がややほぐれ，活動のルールにそって自己表現をすることが見られた。

2）特定の友達とルールを介して活動するプログラム

①フープ通しゲーム

【目　的】特定の友達と一緒に一つのルールを介して活動する。ルールの中で自分らしさを表現できるよう工夫していく。他児に受け入れられるような関わりができるように自己調整する。

【内　容】2人組みになり，人が一人通る大きさの新聞紙を丸めて作ったフープを各組一つ持つ。フープを持つ役とフープを受ける役を決める。フープを持つ役はフープを受ける役の頭から足先にフープをくぐらせる。相手を気遣いながらもすばやく時間内に何回くぐらせることができるかを競う。役は交代で行う。

【留意点】

(i)　友達との組み合わせを考える

　相手と向かい合い，フープを人に通すという明確なルールのため，お手本を

示すとたいていのこどもはルール理解が可能な様子である。

　2人組みを構成する際は，目的に合わせて構成の在り方を十分に考慮する必要がある。はじめは，ルール理解を確認することと新しいルールに慣れてもらうことを目的とし，Mthとの2人組みでの回を設け，フープを持つ役，受ける役の両方を体験してもらう。その後，日頃気にし合っているが上手く働きかけ合うことができないこども同士や新たに仲が深まる期待が持てるこども同士等で，直接的に1対1で相手と合わせる，相手をまずは意識すること，などを目的として組み合わせを行う。

(ii) **こどもたちの役割を決める**

　2人組みが決まると，まずそれぞれの役割を決める。話し合い場面で意見を述べたり，相手の意見をじっくり聞いたりすることが難しい場合が多いので，役割を決める際は，希望を言ってもらうのも一つだが，セラピスト側が積極的に決め方の提案をすることもスムーズに本来の目的へ結び付けていく手順となる（例えば"背の高い方がはじめにフープを持つよ。終わったら交代するからね"といった提案である）。言葉を媒介とする時間が長くなると，こどもたち

図6-4　フープ通し

の注意は逸れやすくなり，フープで独自の遊びを編み出して一人で楽しみ出すこともある。こうなると独自の楽しさにのめり込んでしまい他児との関わりがより困難になる可能性が出てくるので，極力余計な時間を割くことなく進めていくことが望ましい。

(iii) 友達との活動をスムーズに進める

リハーサルの時間を入れた後，フープ通しを開始すると，フープを持つ役は，相手にフープが引っ掛からないように，相手が痛い思いをしないようになどと自分の行動を調整していく努力をすることができる。また，フープを受ける役は，フープがうまく通るような姿勢をとったり，すばやく足を上げてフープが再び頭の上に持っていけるようになどと自分の行動を調整していく努力をすることができる。はじめは通し，終わりは特にフープを引っ掛けないように，2人の行動を調整しタイミングを合わせていくことが必要になってくる。また，行動を調整するばかりでなく，その単純な動作は創造性を広げる余裕を持たせてあるので，独自のアイデアを取り入れて工夫し，それを他児の目の前で披露するという機会にもなる。Mthらは注意深く見守り，相手に受け入れてもらいたいというこどもの自己表現であるならば，適切に拾い上げ，こども同士で伝え合えるように促していく。相手のこどもに受け入れられないような表現が表出された場合は，ルールへの注目を促し，フープを通すペースを調整するなど，もう少しゲームの構造を明確に伝達していく必要があるだろう。

終了時間になったら，こどもたちは自分自身の出来に喜ぶことが多く見られ，相手と成功を分かち合うような行動表出はあまり見られない。個人的な達成感を大切にしつつも，相手との協力感，一体感を少しでも伝え合う機会を設けると，体験が心に残りやすいと思われる。そこで，終了時にはMthらが配慮し，2人が握手をする，手の平を合わせ合うなどのポーズを促すなど相手に伝わる感情の自己表現の工夫を加えている。

② 2人3脚リレー

【目　的】特定の友達と一緒に一つのルールを介して活動する。ルールの中で自分らしさを表現できるよう工夫していく。他児に受け入れられるような関わりができるように自己調整する。

【内　容】2人組みになり，新聞紙で一人の右足ともう一人の左足を繋ぐ。2人

3脚で走り，途中にあるパズルの一部を回収し，ゴールする。ゴールで次の組にタッチする。各組が拾ってきたパズルを集めると一つの絵が完成する。

【留意点】

(i) わかりやすく進める

　2人3脚で走ることと，パズルを回収することの2つのルールを合わせて行うため，こどもたちが状況認知をしやすいようなルール提示が必要となる。まずこどもたちにはスタート地点に座ってもらい，セラピストが見本を示す。こどもたちが行う手順と同じ順番で，2人で肩を合わせて立つ，隣り合う足を新聞紙で巻く，テープで新聞紙を止める，スタート地点に立つ，2人3脚で進む，パズルを一つ取る，2人3脚で戻るという行程を一つずつ丁寧に示す。

　はじめは，ルール理解を確認することと新しいルールに慣れてもらうことを目的とし，Mthとの2人組みでの回を体験してもらう。実際に2人3脚の準備を整えていくと，こどもたちからは創造的な提案が多くなされる。新聞紙の巻き方一つにも，"ゆるく・きっちり"という巻き加減の問題や，"輪を作ってか

図6-5　2人3脚リレー

ら足を入れる・足を合わせてから巻き付ける"という足を通す順序の問題が生じたりする。さらに足の出し方や出す速さ等，こだわるポイントはたくさんあるので，セラピストは工夫を受け入れながらも，こどもたちの独自の提案がこども同士になった際にどう調整したり伝えられたりするかを意識して見ておく必要がある。リハーサルを行った後，本番を行う。順番については，リハーサルの様子を見て，少し友達の様子を見てから番が回った方が望ましいようなこどもに配慮して，セラピストが調整する。こどもたちに余裕があれば，希望を聞いて調整する機会を設けてもよい。

(ii) **友達との活動をスムーズに進める**

2人組みを構成する際は，目的に合わせて構成の在り方を十分に考慮する必要がある。その後，日頃意識し合っているがうまく働きかけ合うことができないこども同士や新たに仲が深まる期待が持てるこども同士等で，直接的に1対1で相手と合わせる，相手をまずは意識すること，などを目的として組み合わせを行う。

2人組みが決定したら，新聞紙を2人に一つずつ渡す。新聞紙などの小道具は，こどもたちが気をとられやすいので，必要な時に渡し，必要がなくなればすぐに回収するようにしている。準備，リハーサルの時間を明確に設けた後，スタート地点に並んでもらう。スタートしてからは，セラピストらは応援したり，かけ声をかけたり，こどもたちが2人で息を合せること，それを楽しめることを促していく。ゴール後は，2人でできたことを共有しやすいように拍手やガッツポーズ，ハイタッチなど動きを入れた喜び表現のモデルを示したり，促したりしている。

エピソード4（＜ ＞はセラピストの発言，「 」はこどもの発言）

"2人3脚リレー"を行った。A君は新聞紙にばかり興味を示し，はじめにペアになったMthが引っ張られて＜痛いよ＞と訴えるが，愉快そうにし，気遣う必要のある場面という認識が持てない様子であった。続いてA君はB君とペアになった。A君は，はじめにMthと行った"きっちり巻く"巻き方を主張し，B君が主張する間もなくその方法で新聞を足に巻きつけてしまった。B君は，Mthと"ゆるい巻き方"でうまく走れていたことを主張できないまま，何も言

えずにいた。A君のMthはB君の意見を聞くようにA君に促したが，自分のアイデアに熱中していたA君の耳には入らないようだった。B君のMthはB君の"ゆるい巻き方"を代弁して主張したが，B君はA君に圧倒されてしまったようだった。一生懸命に走るA君に引っ張られるようにして，B君も何とか完走した。感想を求めると，B君は「楽しかった」と言い，A君は「痛かった，つまらん」と発言した。どちらも本当の気持ちとは異なる様子であった。あらためて，作戦会議の時間をとり，Mth 同士がこどもの案を主張し合い，A君とB君に手伝ってもらい，"ゆるい"と"きっちり"をリハーサルで試したところ，"足にはきっちり巻いて，足と足の間は新聞の帯でゆるくとる"という第3の案を，A君とB君は2人で新聞紙をMth 2人の足に止めつけてみながら決めていった。次の走る番では，B君が「いちに」とかけ声をかけると，A君がペースを落とすようにしてB君のかけ声に合せようとする様子が見られるようになった。またゴール後，A君が自発的にB君に握手を求め，B君もそれに応じていた。

③ジェスチャーしりとり

【目　的】 特定の友達と一緒に一つのルールを介して活動する。ルールの中で自分らしさを表現できるよう工夫していく。他児に受け入れられるような関わりができるように自己調整する。

図6-6　ジェスチャーしりとり

【内　容】2組に分かれ，しりとりをする。しりとりの単語は，ことばではなくジェスチャーで表現する。組で一つに単語を決め，協力してその単語を表すジェスチャーを完成させる。相手の組はそれを見て，次の単語を一つ考えてジェスチャーにし，披露する。

【留意点】

(i) **わかりやすく進める**

　まず2組に分け，先攻と後攻のグループを明示する。リーダーよりはじめの単語が提案される。例えば，提案が"すいか"という単語であれば，先攻のグループは"か"のつく単語を考え，一つの単語，ジェスチャーを決定する。話し合いへの苦手意識のあるこどもたちに，話し合いに楽しく参加できるように「作戦会議」と名前を付けて誘導している。複数のトライアングルで一つのグループができているが，自分のアイデアを相手に伝わるように表現することが難しいこども，相手の否定的な反応や相手との意見の相違が起こる不安を抱え，直接相手のこどもと向かい合うことが難しいこどもがいる。そこで，一度個々のトライアングルの中でアイデアの整理や，セラピストにアイデアが認められる体験を促した後，同じグループのこどもたちのアイデアが一つに決められるように促す。ことばでの表現よりも，実際にジェスチャーをしてみながらの方が共有しやすいようである。リハーサルをしながら一つの場面を協力して構成していく。例えば，"カメラ"について"カメラマン"役のこどももいれば，"モデル"役としてよりその場面を引き立てていく役割をとるこどももいるだろう。もちろん，2人とも"カメラマン"になることも，"カメラ"そのものの役になることも可能である。セラピストらもともに参加し，大きな一つの場面を作り上げる。イメージを媒介とするので，よほどの逸脱がない限りこどもたちの独自の提案を受け入れていくことができるし，またジェスチャーとして表現できることというルールによる制限が友達に伝わりにくい表出を未然に防ぎ，否定される体験が起こりにくい構造になっている。

　先攻グループの作戦会議中，後攻のグループにいるこどもたちには，自分たちであればどの単語にするだろうか，と相手のグループの提案を予想する時間となっている。「ぼくだったら」とトライアングルの中で様々に自己表現を行うこどもは多い。作戦会議後は，先攻グループの発表がよく見えるように席を

整える。交互に発表を重ねる。
(ⅱ) グループでの自己表現を促す
　どんなにリハーサルを行い準備を整えても，人の前で表現することに抵抗のあるこどもに対しては，発表を促すばかりではなく，Mth がそのこどもの提案を体現するといった柔軟な対応が求められる。Mth がそのこどもになりきってモデルを示すことで"自分のアイデアが友達に受け入れられている"と感じられるようにすることが，他者の評価への不安を解消し，自信を育てていくことに繋がると思われる。場面が目の前で形作られるのを見ているうちに思わず途中から参加していくこどもも見られた。
3）友達と自分らしいイメージや創造性を生かして活動するプログラム（心理劇的活動）
①秋の遠足
【目　的】自分らしいイメージや創造性を生かしつつ，集団の中で自己表現し，それが認められることを実感する体験，及び友達の様子についても気付きを広げること。こども同士の直接的な関わりを増やしていく。他児に受け入れられるような自己表現をしていく。

図 6-7　秋の遠足

【内　容】 "秋の遠足"の実体験を振り返り，出し合い，イメージアップを図る。"秋の遠足"にこのグループのメンバー全員で出かける場面を即興の劇にし，その場面に応じた役割をとり，他者と関わっていく体験をする。

【留意点】

(i) **イメージを広げる**

　心理劇では通常，演者と観客に分かれて演者を中心に劇が展開していくが，ここでは，全員が演者となりこどもたちが皆同じ場面に参加しているという体験が得られることを優先させている。

　実体験を振り返る中でイメージアップさせていった。経験のない場面は，状況を理解するだけで精一杯となり，自分のことを表現したり，友達の様子を窺うことも難しくなるため，できるだけこどもたちがそのとき身近に感じている話題を提案することにしている。また，「遠足とは？」と漠然と尋ねるだけで

図6-8　秋の遠足

はこどもがどのように答えたらよいかわからない場合もある。時間を設けて，トライアングルで「何を持っていく？」，「何に入れていく？」，「何を着ていく？」，「歩いて？乗り物に乗って？」，「どこに行く？海？山？」，「行って何をする？」などと一通り遠足の流れについてイメージを喚起させていく。

　トライアングルごとの話を全体で発表してもらい，その中から共通して出てきた話題について整理して全体の大まかな流れをリーダーから例えば「今日はみんなで，お弁当をリュックサックに入れて，バスに乗って山に遠足に出かける劇をしよう！」と伝達し，共有する。

(ii) わかりやすく進める

　劇化の間は，セラピストらは特に場面の転換に留意して劇を進めていく必要がある。こどもたちは自分の役割を演じることや自分のイメージを具体化することに熱中し，状況認知がうまくいかなくなることがある。そこで，よりはっきりと時間設定や場所の設定を伝えていく必要がある。その上でこどもたちの豊かな表現を生かしていくことが，最も他者に受け入れられた体験，自信の回復へと繋がっていくであろう。全員が同じ場面でのそれぞれの役割をとっていることが前提にあれば，当初予定にはなかったアイデアが出てきても，その場その場の判断で取り入れていくことができる。

エピソード5（＜＞はセラピストの発言，「」はこどもの発言）

"秋の遠足"では，バスに乗る場面までは，全員で活動することができたが，＜そろそろお弁当の時間です＞というリーダーの指示に，こどもたちは全員，自分のトライアングルのみでまとまり，お弁当を食べる劇をそれぞれのイメージで展開し出した。Mthらが他児と結び付けようと声をかけ合うが，こども同士で意識し合う様子が全く見られなくなってしまった。A君は，「弁当箱になる」と言って床に寝転がった。Mthは＜大きな弁当箱！卵焼きが入ってるね，いただきます＞などと言って食べる役をとって関わったが，他児とA君が交流できるようにするためにその役柄をどのように生かしたらよいか困惑した。

　そこで，C君の「ロープウェイに乗りたい」という案を生かし，リーダーは＜食事時間が終わりました。次は皆でロープウェイに乗ります。ここが入り口です，並びましょう＞と場面を展開させた。こどもたちはこども同士で肩に手を置いたりして整列する様子が見られた。A君は「弁当箱だから」と動かないでいたため，Mthらが＜忘れたら大変！＞とロープウェイまで運んだ。ロープ

ウェイが発進すると，A君もA君自身に戻り，大きく，小さく揺れる，ぐんぐん進む，急ブレーキなどとリーダーが促していくイメージに合せてロープウェイに乗る場面に他児とともに参加することができていった。その後，D君の「ロープでがけを降りる」という案に合わせて，リーダーは細いがけっぷちの道を設定し，そこから木にロープを巻き付けて降りていく場面へと展開した。セラピストらが並んで"崖"の役や"木"の役をとり，場面をわかりやすくした。一人ずつ道を通りがけを降りることとなり，他児の様子に真剣に見入ることもできた。また，自分の番にはD君は慎重にロープを結びかっこよくがけを降りる，A君は少し踏み外して危機一髪で助かるなど，それぞれ独自のアイデアを友達の前で表現することができた。

②お店屋さんとお客さん
【目　的】自分らしいイメージや創造性を生かしつつ特定の友達と一緒に活動する。特定の友達を意識して自己表現できるよう工夫していく。特定の友達の働きかけに柔軟に応じていく。
【内　容】お店屋さん役とお客さん役を決める。お店屋さんは，どんなお店か

図6-9　お店やさんとお客さん

も決める。お客さんが来たらお店屋さんはお店屋さんとしてお客さんに応対する。即興で行う。

【留意点】 役割を通してこどもたちが友達と直接関わることができるように，必ず関わる必要が生じる役割をそれぞれにとってもらうこととした。

　こども同士の2人組みを作り，お店屋さん役とお客さん役に振り分ける。後半役割が交代されることは，あらかじめ伝えておく。お店屋さん役は，トライアングルで何の店をするか決定する。どちらの役も，あらかじめどのように話しかけるとよいかをリハーサルしておくと，劇がスタートしてからも安心して役割に入っていける。セラピストらが補助自我的に役割をとって参加し，場面を作っていく。

　劇場面は，厳密なルールがあるものではないので，創造性を広げて話を展開させても"間違っている"ことにならないという緩やかさがある。したがって場面にそっていれば自己表現を自分らしく行うことも可能である。しかしながら，他の人が同じイメージを持つことができなければ，ついていけなくなるので，参加者同士のイメージの共有が大切になっていく。

エピソード6（< >はセラピストの発言，「 」はこどもの発言）

　"お店屋さんとお客さん"で，B君が上手にラーメンの湯きりをするところへ客のA君がきた。A君ははじめはラーメンを注文し，カウンターに座っていたが，落ち着きなく，突然Cthに何かささやく様子が見られた。その後，A君の案にCthは従い，強盗役のCthが乱入し，捕り物劇が始まるというストーリー展開となった。A君はお客さんという役割を忘れたかのように，強盗を捕まえるヒーローとして振る舞った。A君のMthはA君とともに強盗を捕まえる立場をとってA君のアイデアをサポートした。B君はお店屋さんとして，B君のMthとあわてて話し合い，警察に電話することを思いつき臨機応変に対応したが，最後に「めちゃくちゃになった。でもそれを言うとまとまらないから自分が我慢すればよい」と発言した。A君自身は自分のアイデアが成功し，ヒーローになった喜びでいっぱいで，B君を気遣う余裕は見られなかった。リーダーは一度場面を切り，その場の個々の立場を明確にしていった。<A君は強盗にどう立ち向かいましたか？>と尋ねると，A君は生き生きと「こうやってね」と強盗を捕まえようとした身振りを嬉しそうに再現した。リーダーは次にB君にも<B君はその時何をしていたかな？>と尋ねたところ，B君もはっきりと「僕は警察

に電話しました」と発言した。周囲のCthからも＜B君はとっさに名案を思いついていた＞とフィードバックがあり、B君は気付いてもらえていたことにほっとした様子だった。リーダーは＜A君とB君の活躍で見事強盗を取り押さえることができました。お互いの健闘を讃えて握手！＞と最後に2人が接近できる場を設けた。A君は戸惑いつつ、B君はうれしそうに握手を交わした。

　次に、リーダーは＜何の目的の買い物をするのか、商売をするのか＞という条件設定を設け、再び"お店屋さんとお客さん"を行った。＜今日はパーティがあります。お客さんはパーティに持っていくものを探しており、お店屋さんはパーティにふさわしい品物を売ること＞、＜パーティにはこどもたち全員が参加する＞ということを伝えた上で、あらためて行うこととした。はじめにお客になる組と後でお客になる組に分け、後者の組が初めにお店屋さんになった。A君ははじめお客さんだった。B君の店に買い物に行ったところ、B君は「うちは何でも屋です。何でも買えます。」というので、A君は「じゃあ、クラッカーをください」と欲しい物を述べた。Mthらの促しでB君はA君も喜びそうな安い値段を設定して、クラッカーを包んでA君に渡す演技をした。A君もB君の話をよく聞き、値段も妥当だと判断してお金を払うやりとりをすることができた。次にA君は「CD屋さんになる」と決め、CD屋さんになった。お客さんのC君が「パーティに持っていく音楽がほしい。それから、大好きな習字の先生にもプレゼントを買いたい」と話しかけてきた。A君は、「それだったら2人が同じ音楽が聴けるほうがいい！同じものを準備しましょうか？」とC君の気持ちを汲んで提案した。C君は喜んで応じた。A君は音楽の種類やCDの性能についてC君と話しながら、生き生きとCD作りに取り組み、作り上げたCDをC君に手渡した。

7
多動性・衝動性による対人的困難を示す小学生の社会的志向性を促すグループセラピー

1. グループのこどもの特徴

　本グループのこどもの特徴に関しても，第1章に述べている「グループセラピーにおける集団の均質性」の視点から整理してみる。

　1）診断名　　本グループのこどもたちは，AD/HDまたは，高機能自閉症，アスペルガー障害といった広汎性発達障害を持つこどもたちである。本グループの対象としているこどもたちは高い多動性・衝動性を示すという点で共通している。

　2）知的発達水準　　本グループのこどもたちはいわゆる高機能と呼ばれるこどもたちであり，知的発達水準は標準からそれ以上である。すべての子が小学校では通常学級に在籍しており，体験している気持ちについてある程度言語的に表現することが可能である。

　3）生活年齢　　本グループは，8歳から11歳程度のこどもたちが集まっている。こどもたちの年齢によってグループへの参加の仕方も異なる。年長のこどもはグループに対して積極的にルールを提案したり，プログラムによってはこども全体をまとめて「こどもチーム」を結成して「大人チーム」に対抗する

などお兄さん的役割をとってリーダーシップを発揮する。一方年少のこどもは，年長のこどもをよく見ており年長児を模倣することが見られる。こどもたちの生活年齢のばらつきは，グループにおけるこどもたち同士の関わりを促進する一つの要因となっている。

4）行動と思考の柔軟性　このグループのこどもの特徴として，ルール性のある活動に参加する時に受身的に参加するというよりも，むしろ進行中の活動に対して自分なりのルールを提案してしまうことがよくある。ルールの提案の仕方や他者が提案したルールへの応じ方については難しさを示すこどもたちのグループである。

ルールの提案の仕方についていえば，こどもたちは自分以外の人にはわからないような複雑なルールを唐突に提案してしまうことがよくある。このことは，こどもたちが持つ認知的な特徴の一つである注意の転導性と関連があると思われる。すなわち，ルールを提案しながらもこども自身の中で次々にイメージが展開し，それをまとめることをしないままに表現してしまうのである。さらに，そのルールにはそのこども独自のこだわりや興味の狭さが反映されていることが多く，周囲には伝わりにくい。一言でいえば，自分の文脈の中で物事が展開してしまい，自分の文脈から離れることが難しいのである。このような状態では，当然周囲の反応に合わせてルールの提案の仕方を変えるなどの柔軟な対応は難しくなる。

他者が提案したルールの受け入れについては，他者と自分の意見の折り合いを付けることに難しさを示す。例えば，あるこどもは，グループの活動中「ルールが違う！」と廊下に飛び出してしまった。彼は以前学校で同じ遊びをした時と違うルールを受け入れることができなかったのである。定型発達児が，集団で遊ぶ時に場面や人に応じてルールを変更したり付け加えていくことでゲームを楽しめることと比較すると，上記のこどもたちの反応は柔軟性を欠いているといえる。ここで，他者と折り合いを付けることの難しさと一言でいっても，その内容については高機能自閉症，アスペルガー障害のような自閉症圏のこどもとAD/HDのこどもとでは違いがあるように思われる。前者については変化に適応できないことによる抵抗ととれるが，後者については自己抑制の未熟さに起因する譲れなさによるものであるように思われる。いずれにせよ，本グル

ープのこどもたちは状況に合わせて柔軟に対応していくことが苦手なこどもたちである。

5) **多動性・衝動性・注意の転導性**　本グループのこどもたちに共通する特徴として，多動性・衝動性・注意の転導性が非常に高いことが挙げられる。こどもたちは，その特徴のためにグループの活動に落ち着いて参加することに困難を示す。

　グループの活動に落ち着いて参加するためには，その場で行われていることを理解し，自分の行動を場面に合わせていく必要がある。本グループのこどもたちは，他児の行動，声などの刺激に非常に弱い。例えば，一人のこどもが立ち上がるのにつられて（注意の転導性）それまで座っていたこどもが立ち上がり（衝動性），場が騒然となってしまう。リーダーがしゃべっていても簡単に注意が逸れてしまうのである。

　この現象はこどもたちが持つ注意の転導性と衝動性に関係している。注意の転導性は，こどもたちが他者に対して話をする時に話が突然飛躍したり違うことについて話し出すなど，話しながら次々に内容が変わっていくことにもよく現れている。多動性・衝動性は，このグループの最も顕著な特徴である。他のグループにも多動性・衝動性を持つこどもたちはいるのだが，本グループは多動性・衝動性のコントロールについて特に難しさを持っている。まず，イスに座っておくことが難しい。たとえ座っていても手足がせわしなく動いていることがしばしばある。イスに座れずに部屋中を行ったり来たりする子もいる。プログラムとプログラムの合間で何をすればよいのかが曖昧になった時や，自分が提案したルールが受け入れられないなど自分にとって嫌な出来事があった時には部屋を飛び出すこともある。それにつられて他の子も飛び出したりするので，部屋に残るこどもがたった一人ということもあった。このような決められた場所にいることができない衝動性に加え，他者への攻撃という形で衝動性が現れることもある。このグループのこどもたちは，感じたことを口で言う前に行動で表してしまうことがよくある。嫌な出来事があった時に部屋の外に飛び出すのもその一つであるが，他児が持っているものを「貸して」と言えずにとってしまったり，とられた子が「返して」と言えずに思わず叩いてしまったりすることがよくある。他児に関わりたいという気持ちから突然手をつかんだり

服を引っ張るなどの乱暴な行動に出てしまい，相手をびっくりさせてしまうこともある。このような衝動的な行動は，こども同士に限らずセラピストに対しても起こりうる。例えば，グループ中に嬉しいことがあった場合に，嬉しさの表現としてセラピストを叩いたり，照れるあまりにセラピストに思い切りボールをぶつけるような表現の仕方をしてしまう。これらの行動は一見して反社会的な行動のように思われるが，その行動の背景には実に様々な気持ちが隠れていることが多い。それゆえ，このグループのセラピストは常にこどもの行動の背景にある気持ちを推測しながらこどもに関わっていくことが要求される。

6）社会的志向性 このグループのこどもたちは，グループの活動中部屋を飛び出してしまったり，部屋の隅でグループの様子をただ見ていたりすることがある。これは，グループの活動に「入りたくない」と思っているのではなく，こどもたちの劣等感や自信のなさの現れである場合がある。こどもたちは，そのような気持ちをはっきりと意識しているわけではないが，行動やことばの端々から日頃から自分自身に対して抱いているネガティブな気持ちを感じとることができる。

例えばこどもの学校での過ごし方について，授業中机にかじりついて鉛筆が折れるほどの強さで嚙みしめている，机の下に潜り込んで耳をふさいでいるというエピソードがあった。多動性・衝動性が強いこどもにとって席について授業を受けるのは大変なことである。机にかじりつく理由の一つは動きたい気持ちを抑えるためかもしれない。また，自閉症圏のこどもについては刺激を選択的に処理することが難しいために，机の下で耳をふさいでいるのかもしれない。しかし，それだけでなくその行動にはクラスという集団への馴染めなさ，居場所のなさも関係しているように思える。グループで，こども同士で誘い合う活動をした時に，セラピストを誘うことはできるがこども同士で誘い合うことが難しい子がいた。その子は他の子を誘う場面になった時に表情を硬くして不安そうな様子であった。このことから，他の子を誘えないのは興味がなかったり，誘い方がわからないのではなく，誘って自分のところに来てもらえるかどうか自信がないから誘うことに躊躇するのだと考えられる。ここに挙げた2つのエピソードは，他者との関わりにおける自信のなさ，集団への所属感の薄さを象徴しているといえる。

自信のなさの中でも，自分自身の能力に対する自信のなさが現れる場面としては以下のようなものがある。あるこどもは，他のこどもたちが数をカウントしながら羽つきをしているのを最初は少し離れて見ていたが，そのうち「僕の方がうまい」と言って活動に参加した。つまり，できるという確信が持てた時に初めて活動に参加することができるのである。裏を返せば，少しでもできないと思えば参加できない。例えば，じゃんけんに負けて部屋を飛び出したこどもがいた。一度負けても次の勝負で勝つチャンスがあるのに，である。このグループのこどもは，負けることへの耐性が非常に弱く勝つことにこだわる傾向があるが，このことは劣等感が強いためであろう。「どうせできない」ということばはこのグループのこどもたちの口から時々聞かれることばであるが，そのことばには劣等感や自尊心の低さが色濃く表れている。

　思考の柔軟性と同様に劣等感や自信のなさの感じ方についても，AD/HDのこどもと自閉症圏のこどもには違いが見られる。本グループにおける自閉症圏のこどもは他者への注意の向きにくさ，自分と他者を比較する視点の持ちにくさを持っている。劣等感は自分と他者の比較において生じるものであるため，自閉症圏のこどもはAD/HDのこどもに比べると劣等感を感じにくい，あるいは気付きにくい可能性がある。実際，グループに入れない場面を考えた時に，AD/HDのこどもが自信のなさによって活動にのれないことが多いのに対して，自閉症圏のこどもは興味の向かなさによって活動にのれないことが多いように思われる。他者からの関わりについても，AD/HDのこどもは他児が自分に向けて発した「それはダメ！」などのネガティブな声かけに対して非常に敏感に反応して気持ちが揺れ動き結果的に部屋を飛び出してしまうことがあるが，自閉症圏のこどもはそれほど影響を受けていないように思われる。自閉症圏のこどもが劣等感を感じないというのではない。自閉症圏のこどもは，自信のなさや劣等感の表現がAD/HDとは異なる独特な表現をするので，独特な表現の裏にあるこどもの気持ちをセラピストが丁寧に汲みとっていくことが必要であろう。衝動的な行動と同様に，グループへの参加の仕方を注意深く観察することはこどもの理解を深める上で有用である。多動性・衝動性が高い高機能の児童の場合，こどもの行動に現れる感情に焦点をあて，拾っていくことは重要である。

2. セラピーの目的と留意点

(1) スタッフの役割

このグループにおける基本的なスタッフの役割は2章に述べられている通りである。すなわち，Mth，Cth，こどもで作るトライアングルがセラピーで重要な役割を果たす。多動性・衝動性の強いこどもがグループに参加する時には，こどもの注意と身体が場面から離れないように援助する必要がある。よってこのグループに特徴的なセラピストの役割として，こどもの居場所としてこどもの傍らにいる役割と，こどもとグループの橋渡しをする役割がある。詳しいことについては，留意点の部分を参照されたい。

(2) 目　　的

衝動性・多動性の強い，こどもたちへの対応としては，大きく分けると認知的な側面と関係性障害に注目したアプローチがある。本グループでは認知的な側面の難しさを支えながら，次の3つの柱を中心とした社会的志向性を促すアプローチを目的としている。

1) 同年代の友達との「楽しい」体験　本グループで対象としているこどもたちは，多動性・衝動性の高さゆえに，家庭でも学校においても「落ち着きがない子」，「わがままな子」と勘違いされやすく，日常生活の中で同年代集団の中での失敗体験を繰り返し，学校での休み時間は一人で過ごす子や家に帰って遊ぶ友達がいない子も少なくない。集団における失敗体験を繰り返す中で，集団活動自体に抵抗を示して集団活動の機会自体を失ってしまったり，集団活動に対してネガティブな思いを持ってしまうことも多い。

広汎性発達障害児にとって児童期のいじめの体験が将来の対人関係における被害念慮に繋がり，安心できる対人関係を形成することが困難になることが多い。本グループでは，今後のこどもたちの対人関係の広がりや基本的な友達関係における安心感を形成するためにも，まず同年代の集団活動の中で「楽しい」と思える体験をすることを目的としている。

2) 自分らしさの表現と自分らしさを認められる体験　AD/HDの自己表

現は不器用（大野，2002）であるとされているように，本グループにおいても，こどもたちの自己表現の不器用さが顕著に見られる。先述したような注意の転導性からくる意見のまとまらなさや，メンバーから注目されるような場面では興奮してしまい不適切なことばを思わず発してしまうこともある。この自己表現の不器用さから，彼らは自分自身の思いを他者に伝えることが難しく，他者から理解される経験も少ない。そこで，認知的な転導性についてセラピストは個別的なサポートを行い，こどもたちの意見や自分の気持ち，さらに自分の持つ世界を表現し，メンバーから認められる体験を積み重ねていくことを目的とする。

3）友達との関わり　本グループには衝動性や多動性から対人関係が難しくなっているこどもたちと，その問題に加えて，他者の気持ちの理解や気持ちの共有の難しさ，マイペースな人との関わりによって友達関係が難しくなっているこどもたちがいる。レベルの差はあっても，共通して対人関係における2次的な心理的問題も生じ始めている。

そこで，他者と協力していることがわかりやすいような場面設定，友達関係をセラピストが橋渡しするような遊びの設定，心理劇的な活動の中で，友達との関わり方をこどもたちに見せたり（ミラーリング），友達の気持ちを代弁すること（ダブル）を通して，友達の気持ちの理解を促したりしながら，こども同士の関わりを促していくことを目的とする。

（3）こどもたちへの目的の伝え方

本グループの対象のこどもたちは，ある程度の知的水準を持っており，学校を休んで当センターに来ることに疑問を持っていたり，学校を休んだことを友達に問われ困惑するこどもたちもいる。そこで，本グループでは最初のセッションに本グループの目的を簡単にではあるが「友達と一緒に遊ぶところ」と伝えている。理解の仕方は様々で，本グループの活動に対して「楽しいところ」と理解しているこどももいれば，「僕は友達に乱暴してしまうからここに来るんだ」，「国語や算数じゃなくて，友達との遊び方を練習するために来ている」などの理解をしているこどももいる。周囲と違う自分，自分のできなさに気付く知的能力を持っているこどもたちだからこそ，セラピーの目的をこどもたち

とセラピストで共有することが大切と思われる。

(4) 留意点

1) ルールの共有　　AD/HDをはじめ，多動性・衝動性を伴うこどもたちは自己抑制に難しさを持つと考えられる。自己抑制は内言語の発達と関連が深く，定型発達児は内言語を用いて規則や指示を内在化しているといわれている。自己抑制に問題を持つ多動性・衝動性の高いこどもの場合，自ら規則を内在化することが難しいと考えられる（バークリー，2003）。よって，外部刺激として規則を与え，意識化させる必要がある。以上の理由から，本グループでは「お約束」という呼び方でグループ活動をする際のルールを共有した。ルールの内容は，①部屋の中で遊ぶ，②発表したいことがある時は手を挙げる，③人を叩いたり蹴ったりしない，である。ルールはホワイトボードに書いてリーダーが読み上げながらこどもたちに説明した。

2) カームダウン・クールダウンの場所の確保　　このグループが活動に使用している部屋には，前と後ろにドアが一つずつある。ドアと部屋の間には段差があるが，この段差は人が余裕を持って3人座れる程度の広さがある。このグループでは，この段差をこどもが活動に入れない時のカームダウン，クールダウンの場所として活用した。活動に入れない時というのは，他児とのトラブルがあって一時的に輪から外れる場合や，じゃんけんで負けたり自分の提案がグループに受け入れられなかったことで活動との距離をとろうとする場合のことである。このような場合，こどもの意思に反して活動場面にこどもをとどまらせようとすると，こどもは全力で部屋から出ようとするので逆効果である。それよりも進行中の活動やグループのメンバーと一時的に距離をとったほうが落ち着くことができ，スムーズに活動に戻れることが多い。しかしながら多動性，衝動性が強いこどもの場合，活動が行われている場から完全に離れてしまうとグループに戻るのが難しくなる。よって，活動に参加していなくても活動の様子を見ることができ，グループとの接点を保つことができる部屋の隅や段差というものが，こどもたちの居場所として都合がいいのである。また，これらの場所は少し奥まっていて活動の様子をこっそりのぞくことができるので，こどもが他者の視線を気にせずに十分に気持ちを落ち着けることができるし，

2. セラピーの目的と留意点　　123

自分が戻れそうだな、と思った時に活動に戻りやすい点がいいようである。こどもが活動から外れる行為を逸脱行為と見なすのではなく、こどもが気持ちを切り替えるための時間として認める視点がグループを運営する上で重要であ

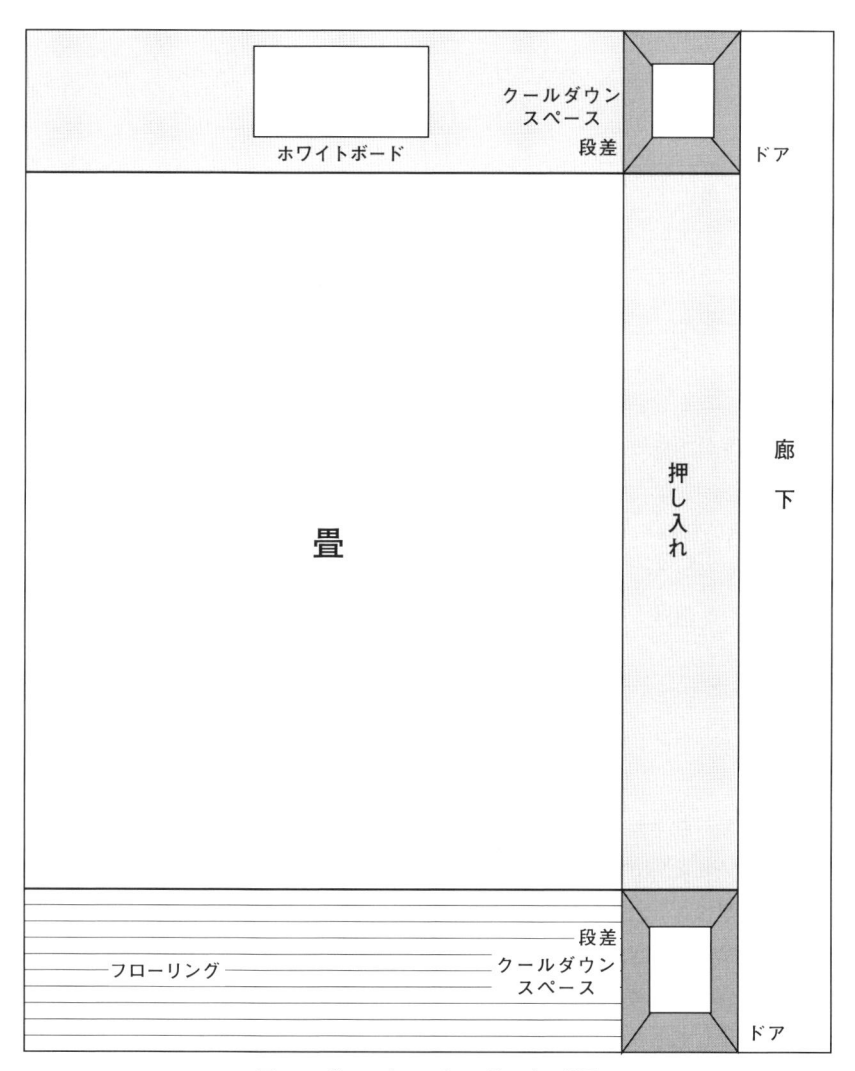

図7-1　グループセラピーで使用する部屋

3）**動き出す前のワンクッション**　　多動性，衝動性が強いこどもの場合，一旦椅子から立ち上がってうろうろし始めると再び座るまでに非常に時間がかかることが多い。セラピストが動き回るこどもの後を追いかけると追いかけっこが続いてしまうし，かといってじっと待っていても戻ってくるこどもたちではないからである。こんな時に有効であるのが，こどもが動き出す前にワンクッションを置く方法である。スタッフの役割の項で述べたようにこのグループではこどもの傍にいるセラピストがこどもが動こうとする時に肩を軽くとめ，活動に注意を促す。こどもの動きが始まる前に先手を打つことで，うろうろを防ぐことができる。こどもたちは必ずしも「動こう」という明確な意思を持って動くわけではなく，つい動いてしまうことが多々ある。つい動いてしまうところがこのグループのこどもの特徴であるが，それは自己モニタリングが難しいことによるものであろう。よって，直接的に身体を止めなくても，こどもが手や足をもじもじさせている時点で「退屈してきたね」，「動きたいね」とセラピストが声かけすることで，こどもが自分自身の気持ちに気が付いて行動を調整する助けになる。

　4）**直接的な行動の静止と場面への注意の促し**　　AD/HDのように多動性・衝動性が強いこどもは自己抑制が苦手であるといわれるが，本グループのこどもたちも例外ではない。自己抑制とは，物事に対して瞬時に反応しないこと，何かが起こった時には立ち止まって考えることであり（バークリー，2003），そうすることによって人は行動を切り替えることができる。このグループのこどもたちは，自己抑制が苦手であり，したがって行動や感情を切り替えることに困難を持つ。一旦行動を起してしまうと自分では止められないこどもたちである。場面から注意が逸れて自分の話を延々と続けたり，嫌がっている友だちにちょっかいをかけ続けたりしてしまうのはそのためである。よって，セラピストが望ましくないこどもの行動についてことばや身体を使って止めてあげることが必要になる。例えば，話し続けるこどもに対して「今はお友だちが話しているのを聞く時間だよ」と教えたり，ちょっかいをかけることについて「お友達が嫌がっているからやめよう」と教えてあげることが有効である。この際，こどもの注意をセラピストにしっかり向けさせるため，こどもと向かい合って

目を見ながら伝えたり，ちょっかいをかける手をセラピストが止めるなど，より直接的な関わり方がいいようである。さらに，行動を切り替えさせた後に場面への注意を促し，維持させる働きかけをすることも重要な点である。

3. プログラムの進め方

(1) プログラムの具体的内容と留意点

1) グループ活動開始の意識付け：挨拶　ここでは，グループ活動の始まりをこどもたちに意識付けることを狙いとする。本グループのこどもたちは，入退室を繰り返し，たとえ入室していたとしても落ち着きなく動き回ったり，椅子の上で飛び跳ねて遊んでしまう。このような状況で，『始まり』を明確に伝えるためにも，椅子を準備し円形を作りできるだけ全員が着席し，一旦落ち着いた状態で代表者（挨拶を希望するこども）が挨拶をするようにしている。

入室・着席が困難なこどもへの対応：こどもたちの中には入室や着席が難しいこどもや，建物自体に入ることも困難なこどもがいる。この難しさは，衝動性や多動性の高さゆえに生じる場合もあるが，集団活動に対する不安や，劣等感からくる「どうせできない」といった心理的な問題を抱えていることも多い。そこで，『部屋に入れない』という行動の背景を考えた対応が求められる。入室が困難なこどもへの対応として，セラピストはこどもが来所した瞬間からセラピーとして捉え，こどもが入室しやすい遊びを意図的に展開し，こどもにとって『気が付いたら入室して遊んでいた』という関わりが有効な時もある。また，どうしても入室が困難な場合には，トライアングルで個別的なセラピーを廊下で展開することも必要である。その中で，安心できるセラピストとの関係を形成することで，セラピストが拠り所となり集団に入ることができる。廊下で個別的なセラピーを展開する際に，Cth が集団の中でどんな遊びをしているのかを伝え，グループと完全に断絶されないように気を付けることが，集団場面に入っていくためには必要である。

2) ルール性のある集団遊び　この活動では，ルールという一定の枠組みがある中で他者との関わりを促すことを目的とした。最終的には友達との関わりを促すことではあるが，この目的に到達するために3つの段階を設けて他者

との関わりを促した。以下にそれぞれの段階ごとに用いたプログラムの目的と内容，留意点について述べる。

〈第1期：セラピストと協力し合ったり，お互いに合わせる関わり〉
①王様ドッヂボール（図7-2）
【目　的】　セラピストとこどもがお互いに守ったり守られたりする体験を目指す。
【内　容】　セラピストとこどもがペアになり，王様と王様を守る人を決める。形態としてはころがしドッヂボールで，王様が転がってきたボールにあたらないように盾の役割をする。途中で王様と王様を守る人は役割を交換し，両方の役割を体験する。
【留意点】　このプログラムでは守ったり守られたりすることをしっかり体験してもらうために，王様と王様を守る人の役割をこどもが意識できるよう促す関

図7-2　王様ドッヂボール

わりが必要である。こどもによっては，一直線にボールに突っ込んでいく子がいたり，ボールにあたることが怖くてセラピストの背中に隠れてしまう子がいる。前者に対しては「怖いからそばにいて」と守り方を伝える工夫が考えられる。後者に対しては，こどもが王様役の時に，こどもを守りきることをことばや行動ではっきりと伝え，実際にこどもをボールから守ることでセラピストに対する信頼感を持ってもらう関わりが有効である。リーダーの工夫としては，ボールをとれるこどもが偏らないように，時々ボールを回収してあまりボールを触れないこどもに回したり，様子を見てボールの数を増やすなどの関わりが考えられる。

②**宝を守れ**（図7-3）

【目　的】セラピストとこどもがお互いに守ったり守られたりする体験を目指す。

【内　容】宝の番人，宝，泥棒を決める。番人は宝の前で両手を広げ，自分が常に泥棒の正面に位置するように移動しながら宝を守る。宝は番人の背中側にまわり，番人の腰に手を回して離れないようにする。泥棒役は番人の守りの隙をついて宝を奪う。泥棒が宝にタッチしたら宝は泥棒のものになる。

図7-3　宝を守れ

【留意点】 目的は①の王様ドッヂボールと同じであるが、番人、宝、泥棒の距離が接近しているため、こども側の叩く、蹴るなどの行動が起きないように配慮する必要がある。そのためには、グループで事前に「泥棒役の人を叩いたり蹴ったりしない」というルールを共有することが重要である。それに加えて、最初は泥棒役を大人にするなどの工夫が必要である。役の割り当てについては、まずセラピストが番人をし、守り方のお手本を示したりこどもに守ってもらえる安心感を体験してもらうことが重要である。その他、こどもからルールが提案された場合は、危険性を考慮して採用する。

〈第2期：友達同士を意識し合う〉
①誰のとなりかな？（図7-4）
【目　的】 友達を意識する、友達のことを知る。
【内　容】 リーダーが出したお題を基準に、一列に並ぶ。お題には、誕生日、学年、背の高さなどがある。並び終わった後、こどもを中心にインタビューを行い、それぞれのこどもに焦点があたるようにする。

図7-4　誰のとなりかな？

【留意点】 マッピングは心理劇のウォーミングアップとしてよく登場する活動である。マッピングとは，あるテーマにそって順番を決めて一列に並ぶ活動である。大人を対象に行う場合は「頑固な順」などお題も様々であるが，こどもを対象に行う場合は誕生日，学年など数字に表せるものや，背の高さのように視覚的に見てわかるお題が取り組みやすい。並ぶ時は，セラピストはこどもについて移動することが望ましい。注意が逸れやすいこどもたちなので，「〇〇君は△月生まれなんだね」等セラピストがそばにいて声かけをすることが友達への意識付けに繋がる。インタビューの際はこども同士で質問が出ることがあるが，このこどもたちの特徴として悪気なく相手の子が傷つくようなことを言ってしまう場合があるので，両方のこどものセラピストがダブルの役割をとってこどもの気持ちを代弁するなど，フォローできる体勢でいる必要がある。

②**なんでもバスケット**（図7-5）

【目　的】 友達を意識する，自分と共通点がある友達に目を向ける，友達に注目される体験をする。

【内　容】 お題を出す人を一人決める。（グループの人数−1）だけ椅子を準備し，輪になって座る。お題を出す人は輪の真ん中に立ち，「靴下はいている人」などのお題を出してあてはまる人が移動する。

図7-5　なんでもバスケット

【留意点】 最初の何回かはお手本を示す意味で大人がお題を出したり，視覚的にわかりやすいお題を出すことで導入がスムーズになる。慣れてきたら「朝パンを食べた人」のように行動に関するお題を出したり，「今楽しい人」，「お腹がすいている人」のように自分の感覚や気持ちに関するお題を出す。このプログラムのように席を移動するという大きな動きのあるプログラムの場合，動くことによってこどもたちが興奮してしまい，場面や人への注意が向きにくくなることが予想される。よって，友達への意識をしっかり向けてもらうためにこどもがお題を出す場合にはその都度インタビューを行う。これは，こどもが自分だけ座れなかったことで疎外感を感じないようにするための配慮でもある。インタビューは，リーダーが行う。例えばこどもが「ラーメンが好きな人」というお題で移動した場合，何味のラーメンが好きなのか聞いたり，他に同じ味のラーメンを好きな人がいるかどうか聞いたりすることで共通点を持っている人への意識付けに繋がるような工夫を行う。

〈第3期：友達と協力し合う体験〉
①島にあがって「助かった‼」（図7-6）
【目　的】 友達と協力し合う体験を促す。

図7-6　島にあがって「助かった！！」

【内　容】こども同士で一枚の新聞に乗る。最初は広い新聞で行い，徐々に難度を上げて小さく折り畳んだ新聞で行う。
【留意点】この活動を行う時は，段階を踏んで難度を上げていく工夫が必要である。新聞紙の広さもだが，まずはセラピストと練習することで乗り方をつかんでもらう。リーダーが新聞に乗っているこどもたちのポーズをグループに紹介するとこども同士で協力した達成感をより意識させることができる。
②**節分だ！オニをやっつけろ**（図7-7）
【目　的】友達と一緒に一つの活動をして，楽しいと感じられる体験を促す。
【内　容】口が大きくあいたオニの顔を作る。オニの口が的になる。こども同士で2人1組のペアを作り，ボールがすべて口の中に入るまで的に向かってボールを投げ入れる。

図7-7　節分だ！オニをやっつけろ

【留意点】 こども同士での協力を促すために,「せーの!」というリーダーのかけ声に合わせて投げるなど雰囲気作りを工夫する。ペアごとに拍手を送るようにすると達成感を感じやすいかもしれない。オニに接近してやみくもにボールをぶつける感じにならないように,ラインを引いて立ち位置を示すなどの工夫も考えられる。

 3) **心理劇的活動**　10年ほど前から発達障害児・者を対象に心理劇が行われてきた(高原,2001)。自閉性障害者への心理劇の効果として,他者との関わりの広がりや感情表出,さらに自我の強化が促進されることが認められている(高原,1995,1998)。田中(1996)は発達障害児に他者の意図を推測し,場に応じた他者への自発的な関わりを促すことを目的に心理劇を導入している。そこで,本グループでは,以下の3点を大きな基本的な柱として心理劇的活動を行っている。

(i) **自己表現**

　本グループのこどもたちは,日常の中で先述したような特徴から誤解されやすい。そこで,こどもたちが自分らしくいることや自分の考えを認められる居場所作りとしての心理劇を一つの目的としている。

(ii) **体験的現実性とイメージの共有**

　心理劇の場面は非現実的な場面だが,その場面での体験自体は現実である(針塚,1995)。そこで,彼らの持つ独自のイメージの世界を心理劇の場面で体験し,さらにその世界を自分一人の中で終わらせるのではなく,友達やセラピストと一緒に共有し合うことを一つの目的としている。

(iii) **こども理解**

　ことばでの説明に難しさを持つこどもたちと心理劇の中で,身体を使って表現することを通して,「こんなことが楽しかったのか!」,「こんなことをしたかったのか!」などと驚かされることは少なくない。このように,こどもたちの世界にセラピストが触れることを通して,セラピストや保護者がこどもをより深く理解することも心理劇の中での狙いの一つである。

　次に,同じ発達障害の中でも自閉性障害とアスペルガー症候群では心理劇場面において効果的な援助方法が異なることも示唆されている。そこで多動性・

衝動性の高いこどもたちが集まった本グループでは特に以下の点に留意し心理劇的活動を行っている。

(i) **心理劇的活動への導入**

通常，多くの人たちにとって人の前で演じることは，非常に抵抗のあるものである。私たちも，「サルになってみて」と突然言われても，「サルをどう演じればいいのか？」，「そんな恥ずかしいことできない」といった気持ちは当然湧き上がってくるように，即興的な活動の中でイメージを広げ，表現することは難しいことである。これらの難しさを持つことは本グループのこどもたちも同様である。そこで，心理劇的な活動を導入するにあたり，第1期としてジェスチャーゲームやイメージ遊びといったウォーミングアップ的な活動を数ヶ月（10セッション程度）を通して行い，第2期に心理劇の中での劇化をメインに行う。それぞれの活動の詳細については，後ほど述べることとする。

(ii) **イメージの独特さ**

本グループのこどもたちは，彼らの独自の世界や興味の特異性・細部へのこだわりを持っている。この独特な世界観は集団の中で表現されると周囲は理解しがたく，集団の活動を止めてしまったり，友達との関わりを難しくする要因の一つになり，不適切な発言として捉えられてしまう。しかし，心理劇ではメンバーのイメージのズレが劇化の場面を展開させ広げていく重要な要素として捉えることができる。本グループにおいても，こどもたちの自発的な表現からくるイメージのズレを劇化の中に積極的に位置付け，場面を展開するように工夫している。そのためには，セラピストも十分ウォーミングアップされた状態でセラピーに挑み，柔軟な思考と臨機応変の対応が求められる。

(iii) **行為化の危険性**

行為化とは心理劇で演じた役割などを，日常生活の中でも行ってしまうことである。通常の心理劇でも行われている手続きではあるが，本グループでも以下の点について特に留意して心理劇的活動を行った。1点目として，始まりと終わりには必ずリーダーが手を大きく叩き劇場面の区切りを明確化するようにした。2点目として，心理的活動の終了時には必ず，劇化場面で感じた気持ちを言語化して表現させるようにした。その際に，気持ちに収まりが付かないときには，新たに場面を展開させることもあった。3点目として，自由遊びの場

所，グループ活動の場所をそれぞれ固定して行い，活動の内容と場面を明確にしている。気持ちの切り替えが難しい広汎性発達障害児の場合には，環境的な構造を明確にすることが，気持ちの切り替えにも繋がるのである。心理劇という非現実的な場面での行為や演じた役割を日常生活に持ち込ませないためにも，心理劇の中で湧き上がった感情を心理劇の場面で収めることに，常に気を付けなければならない。

エピソード1（セラピストの発言＜＞，A君の発言「」）

A君がかき氷を食べる場面で『氷』の役を演じた。劇化の場面では，興奮し始めるが，一緒に『氷』を演じたセラピストの声かけで，溶けて水に戻ることはできた。しかし，劇化終了後もA君は「冷たい，冷たい」と興奮が冷めやらない様子であったため，リーダーからの提案で「氷」をみんなで暖めてあげる場面を行った。氷は溶かされるもののシェアリングではまだ「冷たい」という発言があった。シェアリング終了後，手を大きくたたき，終わりを伝えて心理劇を終了した。その後，グループ活動全体の終了時にも「冷たい」という言葉が聴かれたため，グループ活動終了時の挨拶をA君にさせた。心理劇終了後はセラピストはその都度，＜もう劇は終わったよ＞と現実的な対応を行った。その後，部屋を退室した時点からこどもから「冷たい」という声は聞かれず，日常場面でも「氷」に関する発言はなかったとのことであった。

以下，心理劇の各時期ごとのプログラムについて説明する。

〈第1期‐1：ジェスチャークイズ〉
【目　的】クイズというゲーム的な要素を利用し，ことばだけでなく体を動かして表現をすることへ意欲を高め，さらに，友達に対しても興味・関心を高めることを狙いとした。
【内　容】少人数のグループを作り，グループごとにそれぞれのテーマについてジェスチャーで表現し（後半はテーマそのものを言うこと以外での台詞などの言語表現は認め，第2期にスムーズに移行させた），他のメンバーが「テーマ」をあてるというゲームである。
【留意点】

(i) グループの作り方

対象のこどもたちは，他のこどもたちとイメージを合わせ，相手に合わせながら活動することが難しいため，最初はトライアングル1組で行い，「テーマについてイメージを広げ，そのイメージを表現することをセラピストが丁寧にサポートした。こどもたちがイメージをある程度広げ，表現できるようになったところで，トライアングル2組で1グループを構成し，ここでは友達にも合わせること・友達と一緒に協力した表現を狙いとした。

(ii) テーマの設定

表現するテーマについては，「何でもいいよ」とテーマを自由に選択させることは，こどもたちにとって枠が広すぎて一つのテーマを決定することは難しいことが多い。そこで，最初はこどもたちの日常生活の中で身近で表現しやすいテーマ（例：野球・歯磨き・水泳など）をあらかじめ設定しておき，くじ引き形式で選択させる工夫を行っている。TVやゲームの世界での体験は多いが実際場面の経験は乏しいこどもたちも多いように感じるため，テーマの選択についてはこどもたちの視点から十分検討する必要がある。

(iii) みんなの前に立つことができないこどもへの対応

こどもたちの中には，今までのできない体験などから劣等感を抱いており，発表という場面に対する抵抗や緊張も強いこどもたちも多い。みんなの前に立たない場合には，セラピストが積極的にこどものイメージをしたものを心理劇のダブルの役割で代わりに表現する工夫を行っている。その際に，セラピストが担当のこどものように振る舞い，こどものイメージした世界を表現することも必要である。自分がする場面なのに，できなかったという体験がこどもたちにとってはさらなる重圧に感じる場合も多い。そこで，『できなかった』という体験ではなく，『僕の考えたクイズをみんなが考えている』といった体験に変えることが必要である。

エピソード2：ジェスチャークイズ　（セラピストの発言＜＞，B君の発言「」）

　B君のトライアングルでは『お風呂に入る』をテーマに与えられて，ジェスチャーの内容を話し合っている。＜お風呂に入る時にはどうする？＞「まず，洋服脱いで。お風呂に入って。シャンプーしたり，体洗ったりする」＜B君は

> 誰と一緒にお風呂に入る？＞「お兄ちゃんと一緒に入る」。そこで，お兄ちゃん役のセラピストと一緒に，B君が洋服を脱いで，体を洗って，シャンプーをしてお風呂に入る場面をすることに決定する。実際に発表する場面になると，B君は黙ったまま立ち上がらない。＜一緒にお風呂しよう＞と声をかけるが，部屋の隅に走っていき座り込み，「せん（しない）！！」と言い，うつむいたままである。そこで，＜じゃー，先生がB君の役をして，○○先生（Cth）がお兄ちゃんの役をしてくるね。B君は見ててね＞と声をかけ，2人のセラピストで兄弟でお風呂の場面を演じた。演じ終わったところで，B君は部屋の隅で突然自分から手を上げて「ヒント。毎日すること」とみんなに向かって自分から発言をし，その後も他のメンバーがわかるまでヒントを出し続けた。他のメンバーが答えをあてると，喜んだ表情で「正解。でも，本当はお兄ちゃんが先にお風呂に入って…」と実際自分の生活と演じた場面の違いを答えた。

〈第1期-2：イメージ遊び〉

自分らしさの表現に重点を置き，正解や不正解のないところでの自由な表現を楽しむことを大きな目的として行っている。

①だるまさんの一日

【目　的】各自の自由な表現を促し，体を使った表現を楽しむ。

【内　容】「だるまさんがころんだ」をアレンジしたゲームである。オニ（テーマを出す人）が「だるまさんが○○」とテーマを出していく。「○○」の部分を「ころんだ」ではなく，「笑った」，「怒った」などの感情表現や，「飛んだ」，「寝た」，「友達と握手をした」などの動作的な表現，さらに「ラーメンを食べる」，「宿題をする」などの日常的な場面の表現まで広げていく。

【留意点】注意の移ろいやすさや多動性の高いこどもの場合，ジェスチャーゲームのように内容を話し合う場面では，次々と話が展開していきまとまりが付かなくなる場合がある。また，話し合いの途中で注意が移行してしまい，他の遊びを展開してしまうこともある。そこで，「だるまさんの一日」では，リズムのよいフレーズで場面を作り，ジェスチャー開始の場面がわかりやすく，テンポよく遊びを展開することができる。

こどもたちのルールへの固執がない場合にはオニが中心に座り，他のメンバーはオニの周囲を回りながら行う形態をとり，表現することに焦点をあてて展開することもある。しかし，ルール的な固執があったり，遊びに乗せるために

少しゲーム的な要素が必要な場合には，通常の「だるまさんがころんだ」と同じように，オニは壁向きに立ち，他のメンバーはスタートラインからオニに向かって進み，ジェスチャーをできていない場合には，オニが自分の仲間としてその子を連れて行くようにする形態をとることもある。どちらがよいということはなく，こどもたちに合わせてルールを変えていくことが大切である。

他のメンバーを意識し合ったり，自分の表現を振り返るために，リーダーは一旦場面を止めて「これは何をしているの？」とインタビューを行う。そこで，セラピストが予想していなかったような細かいイメージや独創的な回答が出てきて，セラピストを驚かせることも少なくない。

前述したように，他の人の前に立って表現することは，誰にとっても抵抗があるもので，劣等感を抱くこどもたちにとってはその抵抗も高い場合が多い。その抵抗をこどもたちは様々な形で表現してくる。例えば，部屋から飛び出しトイレに閉じこもったり，メンバーの前に出ると，「おしっこ」や「うんこ」といった発言をしてしまうなどである。これらの行動の背景にあるこどもたちの気持ちを考え，背景にあった対応がセラピストには求められる。

エピソード3：だるまさんの一日　（セラピストの発言＜＞，C君の発言「」）

　だるまさんの一日を行っていると，C君がオニの役を希望し，C君がオニとなったゲームが始まった。ゲームが始まるや否やC君は「だるまさんがおしっこした」と言った。一瞬の沈黙がグループに流れたあと，面白がって笑う子もいれば，『そんなんでけん』と言う子もいた。そこで，＜そんなこと恥ずかしくてできんよ。他のことにして＞と伝え，もう一度仕切りなおすことにした。しかし，2回目もC君は同じ発言をしてしまい，グループ全体に再度沈黙が流れた。C君のセラピストはC君が何を言ってよいのかわからないのではないかと考え，セラピストはこどもと一緒にオニをすることにし，グループ全体に＜考えるので少し，時間をください＞とこどもと話し合う場面を作った。＜みんなに何をしてほしいかな？＞「……」＜C君が好きな遊びをみんなにしてもらおっか＞「……」＜好きなテレビは？＞「○○（お笑い芸人の名前）」＜それいいね。みんなに○○してもらおー＞と話し合いを終了し，本番へ。C君は「だるまさんが○○になった」というと，他のこどもたちもそのお笑い芸人のネタをよく知っており，メンバー全員がお笑い芸人のネタをいっせいに演じ始めた。その様子を見たC君は非常に喜び，次回からは不適切な発言ではなく，お笑い芸人の名前を言うようになった。

セラピストが集団活動の途中で個別的な話し合い場面を作る時に，集団活動を一旦止める際の配慮として，リーダーや他のこどもの担当のセラピストはこどもたちが待つことができるように，＜次はどんなテーマいうかな，あてよっか？＞＜歯磨きをする，だったらどうする？＞などの声かけをして，次のテーマを期待しながら待てるように関わることが必要である。集団の活動全体を止めるような場面では，待っているこどもたちへの配慮を忘れてはいけない。

〈第2期：劇化〉
【目　的】自己表現を促し，さらにその表現が認められる体験，友達との体験の共有，セラピスト・保護者のこども理解を狙いとする。
【内　容】それぞれのセッションで一つのテーマを決める。そのテーマにそって，各グループで話し合い，それぞれの内容を劇化し表現する。最後にシェアリングとして，劇場面で感じた気持ちを聞く場面を設定する。
【留意点】
(i) ジェスチャークイズから劇化への移行
　ジェスチャークイズで生じる難しさは，こどもたちがクイズの部分に没頭してしまうところである。難しいクイズの出題にこだわり，誰もが答えられないように表現をして，正解者がいないことを喜ぶ。また，一方で正解をあてられることに必死になってしまうこともある。そこで，こどもたちがクイズではなく，演じている体験自体をじっくりと味わえる劇化にするように工夫を行った。その一つの方法として，劇化の前の段階でリーダーが今から始まる場面について簡単に説明し（例「A君の家での夜11時です。A君はお母さんたちに内緒で部屋でこっそりマンガ本を読んでいます」），見ているこどもたちが「あてる」という要因を取り除いた。最初は「何で言うんだよ！！」と怒ってしまうこどももいたが，クイズではないことを繰り返し伝え，こどもたちにとって「楽しい」体験のできる場面を初期の段階で繰り返し行うことで演じる体験を楽しむ劇化に移行することができた。
(ii) 演者と観客の設定について
　通常の心理劇では，自発性を重要な要素としており観客と演者は自由に行き来できるものとされていることが多い。本グループにおいても，観客であった

こどもたちが劇の場面に反応し，舞台に上がることも多かった。本グループでは視覚的な出来事に反応しやすいこどもたちが非常に多く，場面がわからなくても思わず参加してしまい，場面が混乱し，最初から演者でいたこどもたちのイメージをしっかりと表現させることが困難になることが多い。そこで，主役の体験を大切にすると同時に，観客として他のこどもたちの劇場面を見ることも大切にするために最初の劇化は観客と演者での役割を明確に固定して行った。その後の，シェアリングにおいて観客から出てきた内容からさらに展開し，観客の自発性も大切にし，観客も自由に演者になれる場面を設定する工夫が必要と思われる。

(iii) イメージの喚起

通常の流れとして，リーダーが提案した一つのテーマについてトライアングルで話し合い，イメージを共有し劇場面を作り上げる話し合いを行う。その場面では，セラピストがこどもたちのイメージを喚起するような働きかけが大切である。例えば「自分の一番好きな時間」をテーマとした際に，こどもが何も答えられずに黙ってしまう場合もある。その際に，「いつもは何時に起きる？」，「起きてから何する？」，「学校から帰って何する？」，「寝るのは何時？」など，一日の流れを具体的に聞いてイメージを喚起させる方法がある。また，「先生は朝7時に起きて，朝ご飯を食べて，学校に行く準備して……」と自分自身の生活からこどものイメージを喚起させる方法もある。ここでは，こどもたちのイメージを喚起させるためにも，こどもたちがイメージしやすいものや，ことばの表現にはつながらないもののイメージしていることにそった声かけが重要となる。

(iv) シェアリングについて

> エピソード4　（Thの発言＜＞，リーダーの発言《　》，D君の発言「　」，
> 　　　　　　　　E君の発言 [　]）
>
> 　心理劇のテーマは，『夏休みの楽しかったこと』。D君とE君と2人のトライアングルで話し合いをして劇化した。＜D君は夏休み何が楽しかった？＞「お父さんとお母さんと一緒に行った。朝まだ暗いうちに家を出て，飛行場に行って，チケット渡して飛行機に乗った」＜どこにいったの？＞「遊園地」E君も興味を持ち[僕も飛行機に乗ってみたい]。そこで，D君の旅行の場面を劇化した。

＜誰が出てくる？＞「じゃー，E君も一緒に行く。□□先生（Mth）はお母さん，××先生（Cth）はお父さんして。○○先生（E君のMth）はガソリンスタンドの人，△△先生（E君のCth）は駐車場の人」＜最初にD君は何をした？＞「寝てた。お母さんに起こされた」「まだ真っ暗な時に早起きして家を出て，ガソリンスタンドに行って，飛行場に行って飛行機に乗る」＜遊園地は？＞「遊園地はいい。暗い時に家を出たところがいい」＜飛行機では何をした？＞「ジュースを飲んだ」。

リーダーが《今から，D君の楽しかった夏休みの思い出です。今から車に乗って飛行場に行きます。でも，まだ外は真っ暗な朝の早い時間です》と説明して手を叩き，D君とE君が並んで寝ている場面から劇が始まる。母親役＜早く起きて，今から出発するわよ＞。D君とE君はすぐに起き上がり，荷物を持って両親と一緒に車に乗り込み，父親役の運転で出発する。父親役＜最初にガソリンを入れてからいくぞ＞。「分かった。5000円払って」。ガソリンスタンドでガソリンを入れてから飛行場の駐車場に着く。「ここで車置いて，チケット貰って」。駐車場に車を置き，D君とE君と並んで歩き飛行場へ行く。「荷物を預けてチケット渡して飛行機に乗るんよ」。母親役と父親役とD君とE君は荷物を預け，チケットを渡して飛行機に乗る。その間，D君が率先してみんなの前に立ちみんなを誘導し，チケットを渡す場面も実際の場面のように振る舞う。そのようなD君を真似してE君もついていく。D君とE君が並んで飛行機に乗り，ジュースを飲み終わったところで，D君が「おわり」と言った。そこで，リーダーが手を叩き劇化を終了した。

リーダーから《夏休みにどこに行ったの？》「遊園地」。リーダー《遊園地に行ったなかで一番楽しかったことは？》いつもは，シェアリングで話さなければならない場面になると部屋から逃げ出そうとするD君だが，「朝まだ暗い時に起きて，車で飛行場に行って飛行機に乗った」と笑顔で答えた。その後，ビデオで見ておられた母親から「いつもとは違って，朝早く起きて行く時があの子にとって一番楽しかったんですね。こどもって暗いうちから出かけるとワクワクするんですね。あんなに細かいところまで覚えているなんて驚きました」と感想が聞かれた。

シェアリング場面でこどもたちに「どうでしたか？」といった質問の形式では劇場面で感じた気持ちを言語化することは難しいことが多い。そこで，リーダーが劇の場面で特に焦点化させたい場面について感想を聞くような聞き方の工夫が必要である。例えば，「何の役をしましたか？」，「○○役の先生が〜って言っていましたが，その時どんな気持ちがしましたか？」などである。

4）グループ終わりの意識付け：活動の振り返りと挨拶　　今日の自分を振り返るためにも，最後には感想をそれぞれに聞く場面を設定している。また，始まりの挨拶と同様の方法で，終わりを明確化するために挨拶を行うことが重要である。

(2) セラピーの今後の展望

　本グループでは，継続的に心理劇を行ってきた。これまでの経過において，自分の役や動物の役などは演じることができているが，お母さん役やお父さん役といった自分以外の人の役割をとることは難しいことが多い。日常場面ではできない役割が心理劇場面では体験できる。例えば，日常場面では「弟」であり，面倒を見られているばかりのこどもが「兄」の役割をとり「弟」役の面倒を見るなど，心理劇では役を演じることを通して，新たな役割関係を体験することや，他の人の気持ちの理解を促すことができる。そこで，今後，自分以外の「人」の役割をとる展開が彼らの対人関係の広がりや相手の気持ちの理解に繋がるアプローチとして重要と思われる。

【文　献】

バークリー，R. A.　2003　日本発達障害学会第37回研究大会特別講演　ADHDの理論と診断――過去，現在，未来　発達障害研究，**24**（4），357-376.
針塚　進　1995　高齢者と自閉性障害者の情動活性化に向けた心理劇の意義　九州大学教育学部紀要教育心理学部門，**38**，89-95.
大野博之　2002　心理臨床の立場からのADHD児へのアプローチ　臨床心理学，**2**（5），583-589.　金剛出版
高原朗子　2001　青年期の高機能自閉症者に対する心理劇　心理臨床学研究，**19**（3），254-265.
高原朗子　1998　自閉性障害児・者に対する心理劇―2泊3日の林間学校を通して―　心理劇研究，**21**（2），1-12.
高原朗子　1995　自閉性障害者に対する心理劇―感情表出の促進を目指して―　心理劇研究，**19**（1），1-8.
田中真理　1996　発達障害児の集団療法における心理劇導入までのプロセス―"もくもくグループ"の試み―　発達臨床心理研究，**2**，27-42.

8

発達的偏りを持つ思春期児童の
仲間作りを促すグループセラピー

1. グループのこどもの特徴

　本グループのこどもの特徴に関しても，第1章に述べている「グループセラピーにおける集団の均質性」の視点から整理してみる。

　1）診断的特徴　　本グループのこどもたちは，通常学級もしくは特殊学級に在籍する高機能自閉症やアスペルガーといった広汎性発達障害や，AD/HDなどの障害を持つこどもたち及び軽度知的障害のこどもたちや，さらには診断名が特にないこどもたちも在籍しており，様々である。しかし，いずれのこどもたちも，①器質的な障害に起因する場面・状況に対する理解の難しさや独特の認知，②①の特徴に加えて同世代の友人を中心に対人経験が少ないことからくるコミュニケーションスキルの未熟さ，そして，③これまでの失敗経験の積み重ねによる自信のなさといった情緒的な問題を背景として，「集団活動になじめない」，「同世代の友人と関係を築くことが難しい」ということを主訴としている。

　2）知的発達水準　　本グループのこどもたちは，総合的な知的発達水準として，軽度知的障害から高機能と呼ばれるこどもたちまで在籍しており各自の

知的発達水準は様々である。全般的な認知的能力の弱さを示すこどももいれば，認知的能力の偏りや独特さにより場面・状況認知が難しいこどももいる。逆に認知的能力の問題よりも衝動性や不注意なために場面・状況認知が結果として難しいこどももいる。しかし，認知的能力の特徴に違いは認められるものの，言語コミュニケーション能力については，日常的な言語のやりとりは可能であり，特に困難さは認められない。

3）生活年齢　本グループに所属しているこどもたちは，小学校高学年のこどもを一部含むものの，そのほとんどが中学生であり，思春期と呼ばれるこどもたちである。エリクソンの発達段階でいえば，前青年期から青年期前期にあたる時期のこどもたちであり，主要な発達課題として，同性集団への帰属，遊び仲間的関わり，そして同性の仲間との親密で理想化された友情の高まりを築いていくことが大切な時期として指摘されている。本グループに所属するこどもたちもまた同様に同性の仲間集団に帰属し，遊び，親密で理想化された友情を強く求めている。しかし，現実には，学校を中心とした日常場面ではそうした関係を築くことは決してたやすくない。そうした実状をこどもたち自身が意識し，劣等感や不適応感を抱いている。そして，すでに仲間関係を築くことを諦め，拒否的になっているこどもたちもいる。したがって，他者との関わりを安心して楽しむことができる居場所を提供し，同世代の仲間を作る援助を行うことはこの時期のこどもたちには欠かせない大切な視点であり，本グループが果たすべき最たる機能であると考えている。

一方では，この時期は，こどもたちの性的関心が高まりを見せる時期である。他方，自分とは何かを考え始める時期であり，そうした過程でぶつかる自分の難しさの理解についても，当然このグループの年代のこどもたちが取り組むべき課題となっている。これらの問題は思春期という時期を考えると誰もが体験するごく自然な問題である。したがって，本グループにおいて，直接的にプログラムを設定し性的問題，自己理解の問題を扱うことはないけれども，グループの中でこどもたちからそうした問題が発信されてきた時は，当然一緒に考えるべき大切な事柄となっている。

4）多動性・衝動性・注意の転導性　本グループのこどもたちは，プログラム中の離席や落ち着きが求められる状況で落ち着きなく動き回るような多動

性は目立たない。グループリーダーの指示に即して着席し，説明を聞くこともある程度可能であり，特定の状況下で必要な注意を向け続けることができ注意の転導性についても目立った行動特徴は見られない。一方，衝動性を示す行動特徴はしばしば観察される。例えば，他者の説明や意見を聞いている時に，状況や文脈を無視した形で，自分の興味のある事柄や，アイデアを一方的に話し始めるといった行動や，他児の発表やプログラムへの取り組みに対して，相手への配慮に欠いたことばを思わず表現してしまうなど，自分の興味のある刺激にすぐに反応してしまい，他者や場面に対して唐突で一方的な関わりになるような行動特徴である。また，他児から批判されたり，他児の行動が気に入らなかったりするとすぐに手が出たりする衝動性を示すこどもも見られる。さらに，皆で取り組んでいた活動を突然放棄して投げ出してしまったり，一旦活動にのめり込むと，その活動をやめられなかったりするなど，衝動のコントロールに苦手さを示すこどもも本グループに参加している。なお，先述したように顕著な多動性は認められないが，活動の中で落ち着きのなさを示すこどもも存在し，多くの場合，それはプログラムの中で求められている課題に対して向き合うことができない結果であったり，他者の気を引きたい気持ちからくるような，何らかの訴えが背景にある落ち着きのなさである場合が多いようである。

5）行動と思考の柔軟性　本グループのこどもたちは，ある程度の範囲であれば，グループ活動に合わせた行動ができるし，急な活動の変更やルール変更にも応じることができる。

　しかし，自分の興味・関心のある事柄については，他のグループのこどもたちと同様，柔軟に思考し，行動することは一気に難しくなる。例えば，遊びを提示した時に，自分の中で一旦そのイメージが広がると，大人にも難解なルール設定のある遊びや他者とイメージを共有しがたい遊びを展開し始めることがよくある。そういう時は，自分のルールや工夫を遊びに取り入れるように強く主張することがあり，そうした主張を受け，リーダーやセラピストが他児にも受け入れられやすいルールに変更を求めても，交渉が難しい様子が見られる。そして，交渉が長引くと一方的に遊びを中断してしまうような行動も見られる。すなわち，意見がぶつかった時に，他者と折り合いを付けていくことにおいて，難しさが見られる。

また，他者や他児と話をする時に，自分の好きなテーマについては，自分の知っている情報を話し続け，他者がそれに合わせる限りにおいては会話が続くものの，他の話題については興味を示さなかったり，会話が続かなかったりするような，興味・関心の狭さを示すこどももいる。こうしたこどもは他者とぶつかりトラブルを起こすことはないけれども，逆に自分の興味・関心の範囲で閉じてしまい，他者との接触場面がほとんど見られない様子が見られる。

6) 社会的志向性　本グループに所属するこどもたちは，他者への関心の乏しさといった自閉的傾向は示さない。むしろ，他児への関心は高く，友だちが欲しいという欲求を強く持っている。さらに，自分と他児を比較して見ている面もあり，社会的志向性は高いといえよう。しかし，彼らの'他者への関心の示し方・関わり方'を観察すると，相手の立場に立って考えることの難しさや衝動性の高さのために，他児への関心を相手に対する非難という形で表現することが多く観察される。また，場の状況の理解や認知がおぼつかないために，他児に働きかけるタイミングがずれていたり，逆に働きかけ方がわからず傍観しているだけであったり，躊躇したりと，対人場面における関わりのスキルの未熟さが見られる。さらには，これまでの他児からの受け入れられなさや理解されなさの体験の積み重ねから，他児と関わることへの不安や自信のなさも認められ，他児との直接的な関わり場面において防衛的態度を示したり，絶えず緊張感を持って関わらなければならない状況に置かれていることが多いようである。

7) 情緒的特徴　本グループと他のグループとの差異を特徴付ける点の一つに，この情緒面を挙げることができる。もちろん，他グループのこどもたちも，行動や言葉の端々から劣等感や自尊心の低さを日頃から感じていることが，活動の中で観察され，グループで取り上げるべき大切なテーマとなっている。そして，本グループのこどもたちもまた同様に，劣等感や自尊心の低さを常日頃抱いていることは間違いなく，これまでの章ですでに記述されたようにグループの中で自分が発信したものが認められる体験を積み重ねていくことは欠かせない。

ただ，本グループの場合はこどもたちが思春期にさしかかることも手伝ってか，そうした自身が抱く劣等感や自尊心の低さに加えて，少しずつ自分が学校

の同級生とは違うことに気付き始め，自分なりに意識し理解しようとし始めている様子が見られ，そのことで不安定な気持ちを抱えているこどもが多く見られる。自他意識の高まりにより，同級生と比べて自分のできなさを強く意識し，同級生との違いを障害という言葉で理解しようとしているこどもたちも存在し始める。すなわち，自分の障害理解，もっと広くいえば自己理解が深まってくる時期である。そして当然のことであるが，知的発達水準，生活年齢，育ってきた環境がこどもそれぞれにおいて異なり，自己理解の段階は様々であるが，そうした気持ちが情緒面にも深く影響を及ぼしてくる。

2. セラピーの目的と留意点

(1) セラピーの目的

　前節で述べた本グループの対象となるこどもたちの特徴から，このグループのセラピーの目的として，第1に，日頃学校では持ちえない同年代の集団と安心して楽しむことができる居場所を提供し，仲間作りの援助を行うこと，そして第2に，自分で表現した意見や気持ちが，相手に伝わる体験及び認められる体験を通して劣等感，自尊心の低下への援助を行うこと，第3点として認知的偏りや，多動・衝動性などの器質的障害に起因する行動面の問題への援助を行うこと，に焦点をあてたセラピーを進めて行くことが，重要になると考えられた。以下に，本グループにおけるセラピーの目的と留意点を述べていく。

　1) 他者との関わりを安心して楽しむことができる居場所，そして，仲間を作る場としての機能　　最初に重要になるのは，こどもたちが，他者との関わりを楽しむ体験や，集団の中で安心していられる体験，仲間と仲良くいられる体験を積み重ねることと考えられる。これは，次に述べる社会的スキルのつたなさの問題や，対人場面における自信のなさや劣等感といった心理的問題へのアプローチを考える上でも，セラピーの目的の第一歩となると考える。本グループの対象となるこどもたちは，日常生活場面では，良好な友だち関係を形成するのが難しく，友だち関係の中で，傷つき体験をしやすい。そして中学生にもなると，どの子もそうした強い傷つき体験をしてきており，同世代のこどもたちがいる集団に対するこどもたちの不安は非常に大きいし，防衛的態度を取

り払って安心してグループに参加するのは決して容易ではない。こどもたちの難しさの背景には様々な要因が複雑に絡んでいると考えられるが、どのような要因が関係していようが、まずは安心できる環境で、仲間と楽しく遊び、ともに時間を過ごすことができたという体験が欠かせない。このような対人場面でのポジティブな体験の積み重ねは、対人場面での自信のなさや劣等感、自尊心の低下といった不適切な対人場面での行動に繋がるような彼らの持つ心理的な構えをほどいていき、他者と関わることへの動機付けを高めていくと考えるからである。

そこで本グループでは、こどもたちにとっての'もくもくグループ'が、安心して楽しく遊べる居場所の機能と、仲間を作ることができる場としての機能を持つことを目的としている。

2）情緒的側面に対するアプローチの場としての機能　　社会的スキルの獲得や、自分の対人場面における振る舞い方への洞察をすることは援助の方向性としては大切な視点である。しかし、本グループの対象となるこどもは、前述のように、対人場面でのつまずき体験から生じる心理的な問題も抱えている。つまり、彼らの対人場面での困難の背景にあるものは、単に社会的スキルのつたなさ、状況や他者感情の認知の仕方の独特さという問題だけではなく、対人面における自信のなさや、劣等感、防衛的な構えといった心理的な側面へ焦点をあてる必要が出てくる。

そのためにも1）で述べたように、こどもにとって'もくもくグループ'が居場所的な場であり、仲間がいるという場として機能し、様々な活動をともにする経験を積み重ねる中で、人と関わることへの自信を少しずつ回復し、防衛的な態度をとらなくても他者と関わることができるようになることが期待される。そのためには、自分のことばや行動が決して拒絶されない体験を積むことを通して、安心して自己を表現する場を保障し、そこで発信された自分の意見や気持ちが相手に伝わる体験、認められる体験を保障することは大前提である。

また、本グループのこどもたちは、先にも述べたが、自己理解の段階は様々あるものの、各自が皆、自分の難しさをクラスの同級生とは違うという視点で意識し始めており、'もくもくグループ'に参加する他のこどもも自分と同じ

ように，学校でうまくいかないことがあることを知っている。したがって，同じ悩みを抱えた仲間が集まり，ともに活動するという目的をきちんとこどもたちに伝えることで，より仲間がいる場としての目的が明確になるし，互いに支え合う集団を形成していくことが可能となると考えられる。

3）社会的スキルの学習の場としての機能　日常生活場面での社会的経験は，同年代のこどもに比べてつたない。こどもたちは他者への関心が高く，自分なりの関心の示し方を表現できるこどもも多い。しかし，それが同年代のこどもにしてみれば，受け入れがたい表現の仕方であり，そのために「変わった子」，「乱暴な子」と認識され，仲間に入れてもらえない。また，自信をなくし引っ込み思案になったり，対人場面での防衛的な態度をとる場合も多い。このことで，さらに社会的経験の機会を失わせ，問題を悪循環させていく。

このように考える時，社会的スキルの獲得が必要とされる。その一方で，本グループの対象児のように，自分の「できなさ」をある程度認識できるこどもたちは，他者への関わりに対して葛藤を持ち，社会的スキルを身に付けることについての動機付けを持ちにくいこともある。そのような場合，社会的スキルの獲得を目指したトレーニングは効果的にはなりにくい。他者と関わりたいという気持ちが生じることが，適切な社会的スキルを獲得しようとする努力に繋がり，自分の問題に向き合うことが可能になるからである。

そこで前述したように，こどもが他者と関わることや仲間を作る楽しさを体験し積み上げていく中で，他者と関わることへの動機付けを高めると同時に，「今，ここで」生じた「相手に関わりたい」という気持ちに即した社会的スキルが発揮できることを目的とする。

（2）セラピーの留意点と工夫

1）セラピー参加への動機付け，グループの狙い・約束事をこどもたちに伝えることの重要性　本グループの対象となるこどもたちには他者（同年代の友人）への関心があり，友達が欲しいという思いや，仲良くしたいという顕在的，潜在的動機は付けは高い。しかし，日常生活の中では，必ずしも対人関係はうまくいかず，トラブルを引き起こしたり，引っ込み思案で消極的態度をとってしまう。また，認知的には軽度の知的障害レベルから標準あるいはそれ以

上のレベルであり，そのため自分自身の「うまくいかなさ」について自覚できるがゆえに傷つくことも多い。また，小学校高学年は，グループへ参加することについての自分にとっての意義を徐々に意識し始める時期でもある。小学校低学年までのこどもにとっては，自分自身がなぜグループセラピーに参加しているのかという問題意識は不明確であり，グループセラピーの意義について，意識的には単に「楽しく遊べる場所」として認識していることが多いが，高学年になるにつれて，「自分はどうしてこのグループへ参加しているのか」，「ここはどんなことをする場所なのか」と意識し始める。

　セラピスト側としても，グループセラピーの狙いを，ただ単に「楽しむ」，「自己表現する」，「カタルシスを得る」だけでなく，こども同士の相互作用を促し，集団の中で楽しみ，集団の中で他者と協調しながら自己表現をするということを狙うため，時には，こどもたちに場面に応じた自己調整や，他者と折り合いを付けて行動することを求める。グループセラピーの最中にこのことに関するトラブルが生じた場合，こどもたちは自分の持つ問題について向き合う必要も出てくる。

　このようにこどもの年齢や自分の持つ課題，セラピーの狙いを考えると，グループセラピーに参加するこどもたちに対して，グループセラピーの目的を伝え，本グループが何のためにある場所なのか，セラピストがどんな役割を担っているのかを明確に伝える必要がでてくる。そうすることで，こどもたちは，自分がグループセラピーに参加する意義を次第に明確にしていき，保護者のニーズではなく，自分自身のニーズを持って，主体的にグループセラピーへ参加することに繋がり，自分の課題に向き合う準備ができると考える。

　しかしながら，こどもたちが，はじめから自分の抱える対人場面での課題に向き合い，解決していこうという動機を明確に持ってグループセラピーに参加するのは難しい。こどもたちのグループ参加のきっかけは，自発的というよりもむしろ，保護者がこどもの対人場面での問題を心配し'連れてこられた'こどもがほとんどである。また，保護者は，こどもに対してセラピーの目的やこども自身にとっての意義についての説明を行っていないケースもあり，グループに参加したてのこどもたちにとっては，このグループセラピーが何のためのグループであり，なぜ自分がこのグループセラピーに参加しているのかという

認識はそれぞれのこどもによって異なる。ある者は、「自分が友達とトラブルを起こすから連れてこられた」と認識しており、またある者は単に「ここは楽しく遊べる場」という認識をしている。

そのため、グループリーダーは、毎回のセッションを始める前に、'もくもくグループ'は何をする場所であり、セラピストが何をする人であるのかを、こどもたちにわかるようなことばで明確に伝えるように心がけた。本グループでは、'もくもくグループ'を『みんなと楽しく遊びながら仲間を作る場所』、『お友達を作る練習をする場所』、『学校やお家で困ったことや悩んでいることについてみんなで考える場所』と伝えた。これはセラピーの目的をこどもに対して説明したものであり、セラピストは、こども個々の特性やその時の気持ちを配慮しながらも、全体としては、それぞれのこどもがこの目的を少しでも達成できるようにセラピーを進めた。よって、こども同士の相互交渉を促す場面で、周囲の状況や他者の気持ちに配慮が至らない行動や発言がある場合や、他者の意見に折り合いが付かない事態になった時にも、この目的に返り、お互いのこどもの気持ちや意見への気づきを促し、互いを尊重しながら自己表現、自己実現ができるように援助をした。この目的は本グループで参加者全員が守るルールや約束の骨子となり、その枠組みの中でセラピーが進められた。

なお、約束事として伝えたこととして、①人を叩いたり蹴ったり、人が嫌がることをしない、人が嫌がることを言わない、②発表したいことがある時は手を挙げて話す、③話は座って聞く、ただし、少し休憩したい時はセラピストに伝えて場を離れることができる、の3点をグループ参加をする上での守るべき約束事として伝えた。

2) 課題への向き合えなさに対する対応　対象となるこどもたちが、小学校の高学年以上で、認知的にも平均的な高さを持つ場合、セラピストがプログラムとして提案する活動に対して、こどもたちがスムーズにのれない場合も生じる。そのようなのれなさは、単に彼らが協調性に乏しく、他者の要求に応じることの困難から起こると考えるだけでなく、プログラムの設定に問題がなかったのかを吟味する必要がある。'もくもくグループ'の実践を通して考えられるプログラム設定の問題性は次の3点が考えられた。①ルールの理解の難しさ、②活動に対する自信のなさ、③こどもっぽい活動に対する抵抗感、である。

こどもがプログラムへの参加に拒否的な態度，防衛的な態度を示す場合，提示したプログラムがこどもにとってどのように受け取られているのかということを以上の視点から捉え直し，必要に応じてプログラムを工夫，修正するのと同時に，個々のこどもに対してプログラムを遂行するのに必要となる援助を提供しなければならない。

(i) ルールの理解の難しさ

軽度の知的障害があるこどもにとって，今まで未体験の遊びやゲームをする時は，他のこどもと同じようにそのルールをすぐに理解することは難しい。このような場合，小学校低学年のグループで行っていたのと同様に，グループリーダーは，視覚的な情報を提示したり，見本を実演して見せるなどのわかりやすいルールの提示を心がける。また，Mth はこどもの理解に応じて，リーダーの説明したポイントを噛み砕いて説明しこどもの理解を助ける必要がある。しかし，このグループの場合は特に注意が必要なことがある。それは，こどもの自尊心を大切にしながら援助を行うということである。この時期のこどもは，自分の「できなさ」にも気が付いていると同時に，「他の子には負けたくない」，「他の子に自分がどう思われているのか」という他者意識も強くなってくる。そのような彼らは，自分だけが大人からの援助を受けている様子を他のこどもたちからあからさまに見られる状況に置かれると，それを素直に受け入れることができなくなったり，彼らの自尊心を傷つけてしまう結果になるので，配慮が必要である。セラピストは，こどものそれぞれの認知的特徴を理解し，彼らが得意な課題，苦手な課題について予測しながらタイミングよく援助をする必要がある。

(ii) 活動に対する自信のなさ

認知的にはルールが理解できていても，提示されているプログラムに取り組むことができない時がある。特に，自分の知的能力や運動能力が試されるようなプログラムの際に，のれなくなるこどもがいる。前述したように，こどもたちは自分自身の「できなさ」を理解していることがあり，そのできなさに直面しなければならないプログラムに対しては，抵抗を感じやすい。日常生活場面でも，友人と一緒に遊ぶという経験が乏しく，また，一緒に遊んだとしてもうまくできないことを責められたり，馬鹿にされることで自信をなくしていることを

とがある。そのようなこどもは，グループセラピーのプログラムに対して，参加したい気持ちはあっても一歩踏み出すことができない場合がある。プログラム上の工夫としては，こども同士の競争を強調しないように場面を構成したり，一人のこどもに対して注目があたりすぎないようにするなどの配慮が考えられる。また，一つのプログラムの中で，みんなが同じ活動をするのではなく，こどもの知的，運動能力に応じて適切なレベルの役割を与えた上で，全員が協力して一つのことを成し遂げるようなプログラムを設定するとこどもたちはプログラムにのりやすい。進め方においても，いきなり何らかの活動を始めるのではなく，注目を集めずに，一斉に練習できるような時間を最初に設け，その活動の遂行における見通しを持たせて始めるのも一つの手である。プログラムの中で求めている課題が達成された時には，セラピストはポジティブなフィードバックを返し，こどもの自信や達成感を高めるように援助を行うことが重要である。

(iii) こどもっぽい課題に対する抵抗感

セラピストが提示したプログラムに対して，'こどもっぽいから嫌だ'と拒否を示すこどもがいる。これは，年齢の高い本グループのこどもたちに特有なプログラムへの向き合えなさの理由といえる。これは認知的に標準的レベルにあるこどもに多い。実際には，課題に取り組み始めさえすれば，楽しく活動にのることができる場合が多いのだが，うまく導入していかないと，ますます活動に入りづらくさせてしまう。同じプログラムを提示する場合にも，それを受け入れやすい場合と，受け入れにくい場合がある。例えば，心理劇的な手法を取り入れて，ジェスチャー表現を用いて，自分の楽しかった思い出や，やってみたいことを実際に演じることで表現するようなプログラムを取り入れた時は，「演じてみよう」というプログラムの提示では，拒否が強かったが，クイズゲーム的な要素を取り入れて，'ジェスチャーあてゲーム'として，出題者側に演じてもらうとのりやすいということがあった。プログラム中のセラピストの関わりは'こどもに楽しんでもらう'という一歩引いた目で見るのではなく，'こどもと一緒になって楽しむ'といった気持ちで課題に参加する方が，'こどもっぽいから嫌だ'と拒否を示すこどもにとっては，活動にのりやすいようである。セラピーの目的，個々のこどもの目標が何であるのかを常に意識

し，セラピストの動き方がこどもたちの体験に与える影響を推測しながら動かなければならない。

　セラピスト側とこども側で鬼ごっこなどの対戦型のゲームをすることがあったが，その際に，セラピストは，こどもに勝利体験を得てもらおうと本気で勝負をすることを避けた。大人のそのような配慮に気が付くこどももおり，そのようなこども扱いに対して複雑な思いを持っているようである。

　3）メンバー間のトラブルへの対応　本グループに所属するこどもたちは，他児への関心は高く，友達が欲しいという欲求を強く持っているにもかかわらず，相手の立場に立って考えることの難しさや衝動性・攻撃性の高さのために，他児への関心を攻撃的行動や相手に対する非難という形で表現することが多く観察される。

　また，自他意識の高まりにより，競争心・ライバル意識・劣等感といった気持ちもプログラムの中で抱きやすいようである。あるこどもは，チーム分けをした時に「あいつと一緒のチームは嫌だ」と大声で言ってしまった。また，同じチームのメンバーがうまくボールを蹴れなくて失敗したときに，「へたくそ」と言い，言われた子が言った子に蹴りをいれる，というエピソードもあった。

　こうしたエピソードは，彼らの持つ状況判断の難しさや独特の物事の捉え方や衝動的に行動に移すこと，あるいは防衛的な関わりや対人スキルのつたなさに由来する。しかし，普段の学校生活においても友達間のトラブルは当然生じるものであり，もくもくグループにおいてもメンバー間のトラブルを起こさないようにするだけではなく，むしろトラブルが起きた時にどうそれを解決していくか，すなわちトラブルが起きても繋がっていられる友人関係を援助していくことが大切であると考えられた。しかし，彼らの他児に対する拒否的な言動をグループで焦点化すると一方が非難されるだけになる可能性も考えられたので，まずはトラブルが起きた時に個別にMthがこどもに寄り添い，悔しさや怒りや悲しい気持ちを共有し，かつ相手の攻撃的行動が不適切という前提のもとに，ただその行動の背景にある気持ちを代弁して伝えるような関わりを行っていった。

　そうした中で，トラブルが起きた相手との関わりを避ける方向ではなく，関わりのきっかけとなるプログラムを提供し，そこでの関わり方に焦点をあてて

援助を行った。トラブルが起きても，こども自身が大切にしたいという関係を育てていくことに焦点をあてていくことが必要であると考えられた。

4）障害理解の問題　障害理解はもくもくグループのセラピーの中では直接には扱わない。しかし，各家庭の中で親にとっても，こどもにとってもこの時期とても重要なテーマである。

　本グループのこどもたちは思春期という時期にさしかかり，少しずつ自分が学校の同級生とは違うことに気付き始め，自分なりに意識し理解しようとし始めている様子が見られる。そしてそのことで不安定な気持ちを抱えているこどもが多く見られる。自他意識の高まりにより，同級生と比べて自分のできなさを強く意識し，同級生との違いを障害という言葉で理解しようとしているこどもたちも存在し始める。あるこどもは，障害者という記述のある相談機関を両親と訪れ「僕は障害者なの？」と両親に聞いてきた，というエピソードがあった。また，その一方で，医師より本人に対して障害名及び障害の説明を行ったところ「ピコーンときた」と表現するように，本人にとって障害告知をすることで本人がホッとしたというエピソードもあった。このように，自他意識の高まりとともに，自分の障害理解，もっと広くいえば自己理解が深まってくる時期である。

　実際，グループ活動の中でも，それぞれの自己理解の段階に応じたことばがメンバーより聞かれる。活動中にこんなエピソードがあった。あるメンバーは，うまくルールを理解できない他メンバーを見て「俺の障害は軽いけれど，あいつの障害は重いからな」とポンと他児に対して発言した。このことばを発したこどもには必ずしも悪気があったわけではない。彼なりにルール理解が難しいこどもを自分と照らし合わせ，自分と他児を理解しようとして発したことばであると考えられる。こうしたことばは，こどもたちが自分とか周りとかを自分なりに捉え，その結果発せられたことばである。そしてその表出の在り方には，障害ということばを自分の中でうまく収めきれない気持ちの揺れが感じられるものである。一緒にグループ活動に参加する大人たちは，そうしたことばを決して聞かなかったことにできるものではなく，それぞれのこどもに応じた対応を考えていくことが求められる。そのためには，第1にセラピストがこどもとその家庭の障害理解の状況をきちんと捉えておき，グループでそれを共有して

おくことが必要となる。

5）性的な関心の高まりへの対応　当然のことながら，この時期こどもたちは異性に対して性的な関心を向け始める。本グループでは女性セラピストが男の子のMthになることも多い。その際，プログラムを作る上で身体接触を伴うプログラムについては，程度を考えていく必要がある。また，例えば，高学年になってもセラピストの膝の上に座るような行動は不自然であり，たとえ性的関心の対象として意識して膝に座るという行動をこどもがとっていなかったとしても，セラピストは，こどもと適切な物理的距離をとれるようセラピスト側が上手にこどもに伝えていく必要がある。また，ごくまれにではあるが，公共の場面で性的な話をしてくるこどももいる。その際は，セラピストが「女の子に話すと女の子は嫌がるよ。だから男の子同士で人がいない所で話そうね」といったように何がいけなくて，どういう場面なら許されるのかという対処法も含めて，その場で伝えていくことが必要となる。

3. プログラムと進め方

（1）グループ活動の流れ

1回のセッションの流れは以下の通りである。
　　①椅子の準備と始まりの挨拶
　　②出席者・欠席者の確認
　　③グループの目的とお約束事の確認
　　④プログラム（1～2つ）
　　⑤シェアリング及びシェアリングシートの記入
　　⑥終わりの挨拶

1）椅子の準備と始まりの挨拶　本グループではグループの開始前に，こどもたちとセラピストが各自椅子をとりに行き，リーダーが示す場所に集まる。その際，こどもたちが誰の隣に椅子を配置させ座るか，ということも今現在の彼らの友達への意識，友達関係を知る上で大事な情報となっている。セラピストはこどもに応じた目的によって，「○○くんの隣に座ろうか」と促し友達に関わるチャンスを作る工夫を行ったりもする。

そして，始まりの挨拶を通して，活動開始への意識付けを行う。

2）出席者と欠席者の確認　グループのメンバーへの注目，同じグループの仲間としての意識付けを行うことが目的である。まず出席したグループメンバーにリーダーが「誰がお休み？」と問うことで，こどもたちの注意は出席者に向けられ，次に欠席者に向けられる。もちろんこどもによっては欠席者に気付けなかったり，顔や体の特徴は覚えていても名前は1年以上の付き合いでも覚えられない，といった難しさを持つこどももいる。したがって，毎回きちんと確認することが大切である。欠席者については，「お母さんの仕事でお休み」，「学校行事でお休み」など欠席理由をメンバーにきちんと伝えることで，休んでいてもメンバーの一員であることの確認を行う。

3）グループの目的とお約束事の確認　すでに前節で述べたが，高学年になるにつれて，「自分はどうしてこのグループへ参加しているのか」，「ここはどんなことをする場所なのか」と意識し始める。したがって，セラピーの目的をこどもに対して説明することで，それぞれのこども自身にも目的を持って参加し，少しでも達成できるように意識付けを行う時間となっている。『みんなと楽しく遊びながら仲間を作る場所』，『お友達を作る練習をする場所』，『学校やお家で困ったことや悩んでいることについてみんなで考える場所』と伝えた。また，『仲間を作る場所だから，お友達の嫌がることをしない，言わない』ということを中心に，その時々のグループメンバーに共通して必要なお約束事を明確にしていった。

4）プログラム（1～2つ）　詳細は後述する。

5）シェアリング及びシェアリングシートの記入　再び皆で一つの場所に集合し，一日の活動を全員で振り返る時間を設ける。全員で振り返る時間は，こどもたちが活動の楽しかったことや感じたことを発表して皆で共有するのみならず，セラピスト側からも発言をし，「○○くんのすばやい動きでお友達を鬼から救ったところがすごいと思いました」というように，こどもの活躍を皆の場で発言し，認めていく機会も作っている。

トライアングルごとに個別で振り返る時間も設けている。これは，こどもたちにとって自分の気持ちを振り返ることはたやすいことでないと考えられたからである。「どうだった？」と聞かれ「楽しかった」，「嫌なことがあった」と

いった大まかな気持ちは語れるものの，どんなところが楽しかったか，何が嫌だったか，と自分の気持ちを内省することは彼らにとって難しいようである。したがって，シェアリングシートを手がかりに，セラピストと振り返る時間を設けている。シェアリングシートはこどもが付けやすいように文字だけでなく絵を入れる，簡単な言葉で示すなどの工夫をした。シェアリングシートをつけること自体よりも，それを利用してトライアングルにおけるやりとりの中でセッションの中で自分の感じたことについて表現することに重きを置いた。

きょうのもくもくグループは仲間とたのしく過ごせた	ちがう	すこしちがう	すこしそう	とてもそう
今日のもくもくグループはゲームが楽しかった	ちがう	すこしちがう	すこしそう	とてもそう
今日のもくもくグループでは気持ちを分かってもらえた	ちがう	すこしちがう	すこしそう	とてもそう
今日のもくもくグループではいらいらした	いらいらしたよ	すこしいらいら	ふつう	いらいらしてない
今日のもくもくグループではたくさん自分のアイデアがわいてきた	ちがう	すこしちがう	すこしそう	とてもそう

シェアリングシート

　6）終わりの挨拶　　始まりの挨拶と同様に行う。終わりであることをきちんと明確化する上で重要である。

(2) プログラムの具体的内容と留意点

　本グループで行ったプログラムを，目的に応じていくつか取り上げ，具体的内容と留意点について述べる。

1）二者関係を形成するプログラム

【目　的】　対人関係を広げていく第一歩として，まず最もシンプルな二者の関係を形成することを目指した。最初はグループの中で，以前より交流がある気が合うペアを作り，相手と協力しなければ課題が達成できないようなプログラムを設定した。

　他のグループと同様に，セッションの回数を積み重ねていく中で，こどもたちは Mth との信頼関係を形成していき，集団活動の中で自分が受け入れられる体験を通して，もくもくグループの場が安心していられる場であることがわかるようである。しかし，こども同士の関わりにおいては，セラピストとの関わりのようにはいかない場合も少なくない。こどもたちは，他児への興味はあるが，関わることができないか，乱暴な関わりや一方的な関わりといった，不適切な関わりをしてしまうことが予測される。したがって，こどもたちに対して，まずは安心して，他者との関係の中で楽しい体験や自己実現できる体験を得ることができるようなこども同士の関わりが持てるように援助をこころがけた。それにより，他者との関わりにおける意欲や自信を持たせ，社会的スキルを高めることに繋がると考えるからである。

【留意点】　本グループのこどもたちは，他者への関心をその場や相手に合わせた形で表出することが難しく，一方的で唐突であったり，非難する形での表出が多くなってしまう。ペアを作る上で，相手を非難したり攻撃したりする場面は必ず想定されうるトラブルである。そのため，当初は，ペアリングに配慮し，以前から気の合う者同士が組み合わさるよう工夫をした。その結果，エピソード1（p.163）に見られるように，ペアの発表段階ではお互いに「あいつとならやれそう」とポジティブなイメージを抱く姿が多く見られた。しかし，実際の関わり場面では一方的に主張し，話し合いが難しかったり，また協力がうまくいかなかった時に，相手を非難してしまうやりとりが見られ，お互いを思いやるやりとりはほとんど生まれなかった。

　そこでセラピストは，相手のこどもとその気持ちに注意や関心が向くように働きかけたり，関わることのきっかけ作り，関わり方のモデルを示すなどの援助を行った。

　また，相手と協力しなければ課題が達成できないようなプログラムを設定し

た。その際，ことばを用いたやりとりよりも，単純な動作をともにすることで一緒に課題達成できるものを選んだ。そして，できたことをお互い認め合えるよう，セラピストから積極的に最初は頑張った点，相手の良かった点，協力がうまくいっていた点などフィードバックをした。そうすることで，互いに関心を示し始めた者同士のペアを作り，関係を深めていくよう努めた。そして，セラピーの進行に伴って生じてきたこどもたちの他児への関心の広がりとともに，新しいペアを作っていった。また，時にはセラピスト側が狙いを持って関わりを作ってほしいペアを設定した。

エピソード2（p.163）は，新しいペアを作った時の場面であり，親密でない他児に対して，関わりの唐突さが見られたため，セラピストは上述したように相手のこどもとその気持ちに注意や関心が向くよう働きかけたり，関わり方のモデルを示すなどの援助を行う必要があった。しかし，協力して課題を成功させた時には，互いに認め合えるような二者関係を自分たちで形成させていた。こうした他者との関係の中で楽しい体験や自己実現できる体験を得ることができるようなこども同士の関わりを積み重ねていくことがこどもたちの仲間関係を築く上でとても大切となると考えられる。

①サッカー・パス＆シュート
【目　的】ペアになって協力してシュートを決めるという共同作業をする。
【内　容】こども同士ペアになって，一人がパスをし，もう一人がパスを受けてシュートをうつ，という役割を決めて，大人がゴールキーパーを務めるゴール枠にシュートを決めるというゲームである。

②インベーダーゲーム
【目　的】ペアになって協力して，インベーダーに扮する大人2～3人の敵をやっつける。
【内　容】こどもは一人が新聞紙で作った柔らかい剣を持ち，一人がボールを持つ。大人はマットの盾を持ってこどもたちに近づいてくる。こどものボールが3回大人のマットにあたれば盾は取り払われ，剣を持つこどもがインベーダーを斬るとこどもの勝ち。こどもの陣地にインベーダーが入ってしまうと，大人の勝ち。

3. プログラムと進め方　　*161*

図 8-1　サッカー・パス＆シュート

図 8-2　インベーダーゲーム

③シャドウ（影）になれ！！

【目　的】相手の動きを意識して同じ動作をし，動作の共有体験を持つ。

【内　容】ペアになって，一人のこどもの動きを見ながら，もう一人のこどもが影として同じように動く。2人の動きがそろっているほどよい。

④背中文字

【目　的】ペアになり，相手にわかりやすいように課題の文字を伝える。

【内　容】ペアになり，一人のこどもがリーダーから簡単な文字のお題をもらい，それをもう一人のこどもの背中に書いて，お題の字が何であるかを伝える。

図8-3　シャドウ（影）になれ！！

図8-4　背中文字

エピソード1：二者関係形成プログラム取り組み当初のエピソード

　サッカー・パス＆シュートのプログラムで，以前から交流が比較的多いペアを考えた。当日ペアを発表すると「あいつとならやれそう」と互いに意気込むけれど，作戦を考える段階で片方が一方的に作戦を話し，もう一人はきょとんとしていた。また別のペアでは，どちらがシュートをうつかを話し合う時に，一人は「俺がシュート」と相手の意見を聞かず主張するのみで，もう一人の子は担当セラピストにのみ「僕も蹴りたい」とつぶやき，それ以上は主張できないなど，その場限りの一方的な関わりが目立った。

　パス＆シュートをうつ段階になると，2人が息を合わせてゴールが決まると嬉しそうな表情を互いにした。しかし，感想を求めると，「蹴りにくかった」などと否定的な感想や黙り込む，という様子が見られ，相手をほめることの難しさが見られた。

　また，ペアによってはシュートが失敗したりすると「下手くそ」と言い放ち，残されたもう一人が顔を引きつらせて相手を殴りに行こうとするなどの場面もあった。

エピソード2：二者関係形成プログラム取り組み経過後のエピソード
　　　　　　（＜＞はセラピストの発言，「」はこどもの発言）

　インベーダーゲームで，新しく入ってきてまだ間もないA君と，以前から参加しているB君のこれまで接触のなかったペアを作った。すると，B君は，少し体格の大きいA君に対し「脂肪が多いから動きが鈍そう」と直接言ってしまった。作戦タイムでは，セラピストが話し合いに入り，＜そんな風に言わないで＞と伝えつつ，作戦を立てていくことが必要であった。実際の闘いでは，A君がインベーダーのマットの盾を打ち破り，B君がインベーダーに斬りつけ大人をやっつけ，役割分担して協力して倒すことができていた。その後，お互い近づいてA君もB君も互いに「俺たち最強」と言って意気投合し，グループ終了後まで2人のおしゃべりが続き，仲良くなっていた。

2）複数のこども同士の関わりを形成するプログラム―こどもチームの活用―

【目　的】二者関係でのやりとりが見られるようになると，複数のこどもと関わる機会を増やすため，チームで協力することで課題を達成できるようなプロ

グラムを行った。

【留意点】 ここで注意すべきは，こどものチーム同士が競争的な構造にならないように配慮することである。競争的な課題にする時には，大人のチームを作り，大人チーム対こどもチームの対立構造になるようにした。これは，こどもの中には勝負事になると勝ち負けにこだわることで，他児との協調的な行動がとれなくなってしまい，対人的なトラブルに発展しやすいという理由による。このように本グループでは，こども同士の葛藤場面を生じさせないように配慮をした。対人面での難しさよりも，安心して楽しく他者と関わることのできる体験を得ることを重視する立場をとったからである。

　こども同士のチーム編成を行う時のプログラムは，主に身体活動的な遊びを多く用いた。これは，この年代の男の子が好む課題であり，協力して課題を進める中で，心身ともにウォーミングアップされ，自然とこども同士の交流が生まれやすいというメリットがあった。また，こども同士がお互いに身体接触する機会があるような課題も有効であったと思われる。こどもたちは友人と関わる経験の乏しさから社会的スキルにつたなさや自信のなさを持っている。そのような彼らにとって，言語的なコミュニケーションよりも，身体接触による非言語的なコミュニケーションの方がわかりやすく，相手に関わりやすいためである。さらに対人交流を促す援助の工夫として，言語的コミュニケーションや非言語的コミュニケーションの場をプログラムの中で設定した。言語的コミュニケーションの場としては，'作戦タイム'の時間がある。プログラムでの課題の合間に'作戦タイム'の時間を設定し，課題を達成するためにこどもたちが自分の意見やアイデアを出し，話し合うように促した。ここでのMthの役割としては，自分の意見を言えないこどもに対して意見を促すことや，うまく表現できないこどもに対して言いたいことを整理すること，一方的に話をしてしまうこどもに対してはそれをコントロールし，他児の意見にも耳を貸せるようにすることなど，こどもたちがお互いに話し合いを楽しめることを促す援助をすることである。非言語的なコミュニケーションの場としては，何らかの課題に取り組む前にチーム全員でかけ声をかけ一体感を高めることや，何らかの課題が達成できた時に，チームのメンバーとハイタッチをして，喜びを表すことが挙げられる。Mthはこどもたちと一緒に課題を遂行しながら，率先して非

言語的なコミュニケーションでそれぞれのメンバーに関わり，モデルを示すように関わった。

①もくもく版鬼ごっこ

【目　的】こども同士のチームが協力して，鬼の大人チームから逃げて課題を達成する。

【内　容】基本は鬼ごっこであり，大人が鬼でこどもが逃げる役をする。その際，単にこどもは逃げるだけでなく，こどもたちが何か協力して達成すべき課題を設定する。課題は，宝探しでも，島巡りをしてゴールでも，何でも可能である。また，宝の内容を，この宝を使うと，つかまったこどもが逃げられるや，大人が10秒動けなくなる，などの意味を持たせても面白い。その際，人気のあるテレビ番組などのアイデアを取り込むとこどもたちの反応もよい。

②つなひき

【目　的】こども同士で力を合わせて一つの綱を引っ張ることで，一体感を味

図8-5　もくもく版鬼ごっこ

わう。単純な動作であるため，こども同士，力を合わせて，大人に勝とうという気持ちを共有しやすいと考えられる。

【内　容】　単純に大人チームとこどもチームに分かれて一本の綱を引っ張り合う。その際，大人チームをいくつかのチームに分けると面白い。例えば，女性だけのチームや体格のいい男の人を集めるが人数は少なめのチームなどである。そして，こどもチームに戦いたい相手チームを選ばせて綱引きを行う。

エピソード3：複数のこども同士の関わりを形成するプログラム取り組み
　　　　　　当初のエピソード

　こおり鬼のルールで行った。こどもは鬼の大人につかまらないよう，逃げながら宝をゲットするという課題を設定した。一回目の遊びが終わり，作戦会議をこどもチームで行った。すると，ルール理解の早いA君とB君は「おとり作戦をしよう」と話し合うが，ルール理解に難しさを持つC君は意見を言えなかった。そしてA君とB君は「お前はここにいろ」とか「もっと自分で動けよ」と命令口調で言ってしまい，作戦会議の前までは楽しめていたC君は笑顔がなくなり，ますます動けなくなった。

図8-6　つなひき

> エピソード4：複数のこども同士の関わりを形成するプログラム取り組み
> 　　　　　　経過後のエピソード
>
> 　警察と泥棒のルールをアレンジして行った。鬼役の大人がこどもを捕まえたら，こどもを牢屋に入れる。こどもは鬼に捕まらないように宝をゲットするという設定を行った。宝にたどり着くまでに，封筒に宝の場所を示す暗号カードも隠し，こどもたちに一人一個見つけてくるよう伝えた。こどもたちは最初，カードを見つけて基地に帰ってきて，その後「君はどんなカードを持ってるの？」とお互いのカードを見せ合いながら，作戦会議を行った。ルール理解の早いA君は「おとり役は僕とキミとキミ」と，ルール理解が苦手なB君にわかりやすく伝えた。B君は「わかった」と答え，その後のゲームで，いきいきと動き回った。また，鬼に捕まり牢屋に入ったこどもをA君もB君も必死で助ける様子が見られた。そして宝をゲットした時は，こどもチームに入った大人からハイタッチをこどもに求めると，こども同士も一部，ハイタッチをする様子が見られた。

3）自己表現を狙いとしたプログラム

【目　的】　本グループに所属するこどもたちは，対人場面でのつまずきの背景に抱えるものとして，社会的スキルのつたなさや状況や他者感情の認知の仕方が独特であるという問題だけではなく，対人面における自信のなさや，劣等感，防衛的な構えといった心理的な側面による影響も大きく持っている。

　したがって，自分の言葉や行動が決して拒絶されない体験を積むことを通して，安心して自己表現する場を保障し，そこで発信された自分の意見や気持ちが相手に伝わる体験，認められる体験を積み重ねていくといった視点からの援助は大切である。そのため自己表現に焦点をあてたプログラムを行った。

　なお，自己表現には，非言語的な表現手段を用いるプログラムと言語的な表現手段を用いるプログラムの2つが考えられる。

〈非言語的な表現手段を用いるプログラム〉
①なりきりヒーロー
【目　的】　グループに来るこどもたちは，学校を中心とした日常生活における

集団場面で主役になり，皆から賞賛を受ける機会がとても少ない。したがって，心理劇の手法を用いて，こどもたちの活躍場面を設定し，"仲間のために一肌脱ぐ"，"みんなのために頑張る"，"成功して賞賛を受ける"，"ヒーローになる"という体験をする。その際，脇役になるこどももまた，主役になるこどものイメージや意図にそって主役のこどものために，自分のできることをするという体験も狙う。

【内　容】「もしも○○だったら」というお題をリーダーが設定し，こどもの好きな活動で場面を設定していく。例えば，野球の好きなこどもがいれば，最初は"キャッチボール場面"から始め，"バッターが打つ場面"と少しずつ野球場面を皆で演じて雰囲気を作り，最終的には主役のこどもが"9回裏の攻撃でさよならホームランを打つ"という場面を作ってそれを演じていく。

【留意点】先述したが，心理劇的な手法を取り入れて，ジェスチャー表現を用いて，自分の楽しかった思い出や，やってみたいことを実際に演じることで表現するようなプログラムを取り入れた時は，'こどもっぽいから嫌だ'とプログラム参加への抵抗を見せるこどもがいる。その際，「演じてみよう」というプログラムの提示ではなく，クイズゲーム的な要素を取り入れていくなどの工夫が必要となる。そして最も大切なのは，プログラム中のセラピストの姿勢である。そこでの関わりは'こどもに楽しんでもらう''演じてもらう'という一歩引いた目で見るのではなく，'こどもと一緒になって楽しむ''こどもと一緒に演じる'といった気持ちで課題に参加する方が，'こどもっぽいから嫌だ'と拒否を示すこどもにとっては，活動にのりやすい。

なお，エピソード5は，こどもが主役になって劇に参加するまでに，'ゆめ代行会社'と少し格式ばって会社を設立し，大人もこどももその社員と設定した。そしてまずモデル提示として，おとなが例えば'アイドルになりたい'といったゆめを会社に伝え，それをこどもも交えて演じる，というようなウォーミングアップを行った後，会社にお願いするゆめをトライアングルで考え，こどもを主役にしていく，という手順をとった後のエピソードである。

> エピソード5：なりきりヒーロー電車編
> 　　　　　（＜　＞はセラピストの発言，「　」はこどもの発言）
>
> 　日頃，積極的に動いたり発言したりすることが難しく，注目があたりづらいA君がMthに「車掌になりたい」と打ち明けた。それをMthがグループリーダーに伝え，その場面を作ることになった。最初は恥ずかしがり，どういう場面の車掌役をしようか，うまく表現できなかったが，リーダーがまず駅を作って，電車を人で作って，と場面をイメージしやすいように設定していくと，A君が「開通式」と提案し始めた。それを受け，他のこどもたちに，＜今日からはじめて動く新しい電車です。乗りたい人？＞と問いかけると，一部のこどもは手を上げて乗客になった。場面にのれず，少し引いて見ていたこどもは開通式を見にきた観客にリーダーが設定した。そして，実際に場面を作ると，A君は「扉が閉まります。ご乗車の方はお気をつけ下さい。発車オーライ」と大きな声で車掌のせりふを言い，電車が発車した。A君の自発的な大きな声を聞くことができた。なお，感想を聞くと乗客役をしたこどもが「楽しかった」と言い，A君も「いい電車だった」と表現した。そしてリーダー，Mth及びCthは＜車掌が自信を持って発車の合図を出したのがすごくかっこよかった＞などとフィードバックをした。

②イライラ棒をやっつけろ

【目　的】こどもたちは学校場面を中心に日常生活の中で不適応感を抱くことが多いため，当然，イライラやムカムカ，モヤモヤとした漠然としたネガティブな気持ちを心に抱えやすいことが考えられる。しかし，そうしたネガティブな気持ちを友達や他者と共有する機会は少ない。なぜなら，共有できる親密な友人関係を持ちにくいし，またそうした気持ちを表現するためのスキルも乏しいからである。したがって，そうしたネガティブな気持ちを表現できるような場があることをこどもたちに伝えておくことは大切であると考えられる。そのため，日常生活で抱くイライラやムカムカとしたネガティブな気持ちを遊びの中で投影する形で表現し，ネガティブな気持ちをトライアングルやグループで少しでも共有することを狙う。また，表現されたものを遊びの中でやっつけたりすることを通して，そうしたネガティブな気持ちを軽減したり，発散したりすることを目的とする。

【内　容】赤い円柱形のクッションをイライラ棒に見立てる。そしてイライラ虫の内容を大人やこどもに聞いて，その虫をイライラ棒に貼り付ける。その後，皆のイライラ虫が付いたイライラ棒をゲーム形式でサンドバックに見立てやっつけていく。

【留意点】大切なのはこどもたちにネガティブな気持ちを表出させることではなく，普段感じるような困ったことや嫌なこと，そしてグループの中で抱いたネガティブな気持ちも含めて，もくもくグループは話せる場であることをまず伝えることであると考えられる。そして，その結果として自然に無理なくそうした気持ちを表出できることが大切であろう。

したがって，こどもたちに直接にネガティブな気持ちを表現してもらうという形よりは，イライラした人の役を演じる大人を見て，大人は何にイライラしているのかをこどもたちに想像させるなど，投映するような形で，普段の自分と照らし合わせたりするなどの工夫を行った。また，イライラ棒という媒介物を扱うことを通して，イライラとした気持ちを間接的に扱うなどの工夫をした。

図 8-7　イライラ棒

なお，こうしたプログラムを行った後は，終わり方も大事である。最初にこのプログラムを行った時に，終了後の自由時間になっても，イライラ棒を殴り続けるこどもがいた。したがって，シェアリングの時間をしっかり設け，活動中に感じたことをグループの中でもトライアングルにおいても，丁寧に話し合うことが求められる。

エピソード6（＜ ＞はセラピストの発言，「 」はこどもの発言）

　数人の大人にイライラした様子を演じてもらい，その後こどもたちに＜この大人は何でイライラしていると思う？＞と問いかけた。すると「彼氏がおらんけん」と言うこどももいれば，「けんかしたけん」と言うこどももいた。それらの発言を受け，＜みんなもイライラすることある？＞と聞くと，A君はMthに「俺もイライラしている。学校でたたかれたりする」とそっと伝えた。また他のこどもが「お兄ちゃんにのろいって言われる」と言うとB君はMthに「俺も兄弟げんかする」と伝えた。そうした皆のイライラをトライアングルで出し合い，その後イライラ棒に見立てた円柱のクッションに一つひとつ投入していった。そしてイライラ棒をやっつけよう，ということで一人2回という約束でイライラ棒をサンドバックに見立て攻撃してもらう場面を作った。こどもたちは蹴ったり叩いたりとイライラ棒をやっつけた。その中で，回数を少しでも多くしようとA君は何度も蹴ろうとしたが，リーダーが制限した。C君はイライラについての発言はなかったが，やっつける段階で突如参入し，激しく蹴る，などの場面があった。最後，＜すっきりした？＞とリーダーより尋ねると，うなずくこどももいれば，無言のこどももいた。リーダーより＜ここでは，皆が学校やいろんなところで感じるイライラした気持ちを少しずつ話したり，遊んだりして小さくなるようにするところだよ＞と伝えてその場を終えた。

〈言語的な表現を用いるプログラム〉

③どっちの○○ SHOW ～もくもく版～

【目　的】自分が知っているモノの魅力を，どのように捉え，相手に伝えるか，ということが第1のテーマである。また同時に，自分が気付いた魅力以外に，他の人がどんな風に魅力を捉えているか，ということを聞くことで，モノを捉える時の多様な視点に気付くことができる。また，逆に自分が魅力を感じていなかったものに対して，他者の意見を聞くことで，新たな魅力を発見できるな

どの，視点や思考の柔軟性を狙ったプログラムである。
【内　容】テレビ番組の'どっちの料理 SHOW'の形式をアレンジしたプログラムである。例えば"野球とサッカーどっちが好き？"というお題を出し，スタッフやこどもたちがどちらか一方を選んで移動する。移動した後，自分が選択した項目について，その魅力についてメンバー同士で話し合っていく。

　例えば"野球とサッカー"というお題で，サッカーを選択した場合，サッカーを選択した者同士で，サッカーのいいところ・魅力を話し合う。そして野球グループ，サッカーグループそれぞれ発表する。その後，互いの発表を聞いて再度，どちらが魅力的と感じるか選択し直す，ということを行っていくプログラムである。

　お題は，グループに参加するこどもたちの興味に合わせて，"カレーとラーメン"とか，"犬と猫"，"電車とバス"，"ハリーポッターとスターウォーズ"など様々な設定が可能である。慣れてきたらこどもから選択肢を出してもらう

図 8-8　どっちの○○ SHOW ～もくもく版～

のも面白いであろう。

④胸に Good くることばを捜せ！！

【目　的】　このグループのメンバーはことばでうまく気持ちを伝えられないことが多い。逆に否定的なことばを他者に対してポンと使ってしまうメンバーも見られる。また他方では，学校ではそうした否定的なことばを言われてきた経験を持つ子も多い。そうした背景を持つこどもたちに，言われてうれしいことば，うれしくないことばをお互い意識し，整理して実際に使ってみることでことばの意味を体験的に理解することを目指す。

【内　容】　ある具体的場面を設定し，そこで「～な時に言われて嬉しいことば」というお題を出して，大人が書いてそれをこどもがどのことばに胸がぐっときたかを選んでもらったり，コメントをしたりというものである。少し慣れてきたら，こども自身に「～な時に言われて嬉しいことば」を書いてもらう。

【留意点】　プログラム例③においても④においても，どちらも相手のことばを

図8-9　胸に Good くることばを捜せ！！

非難することに焦点があたらないように工夫する必要がある。本グループに所属するこどもたちは，社会的スキルのつたなさや状況や他者感情の認知の仕方が独特であるため，こうした言語を用いた表現ではしばしば不適切な表現を用いることがある。その一方で，自分の表現のつたなさ，独特さには無頓着であるけれども，他者のそうした不適切な表現には敏感に反応し，非難する様子が観察される。これは，認知的な側面や社会的スキルのつたなさが影響しているだけでなく，普段学校を中心とした日常生活場面でこどもたちのことばはほめられたり，認められたりする体験よりも非難されたり，怒られたり，伝わらず無視されたりする体験の方が圧倒的に多いために，そうした相手のことばに対してもネガティブな側面に注目したり，無視したりしやすい側面があると考えられる。

したがって，互いのことばが決して拒絶されない体験を保障することがまず大切であり，そのために多様な発言に耳を傾けていくことが必要であろう。そしてその上でどういうことばだと受け入れやすかったり，伝わりやすかったりするか，といったポジティブなことばに積極的にセラピストが注目して伝えていく工夫が求められる。

> **エピソード7（＜＞はセラピストの発言，「」はこどもの発言）**
>
> 　"転校してきて初めてお友達に会った時に言われて嬉しいことば"をお題に書いてもらった。大人チームとこどもチームに分かれ，まず大人チームにモデル提示もかねて回答してもらった。"今度一緒に遊ぼうね"，"君には初めて会った気がしないよ"，"お家に遊びにきてね"などのことばが発表された。それに対して，「"君には初めて会った気がしないよ"は言われてもちっとも嬉しくない」と一人のメンバーがコメントすると，他のメンバーも「本当そうだ。問題の意味がわかっとらん人がおる」「ふざけとる」と言ったコメントがあった。逆にリーダーよりよかったことばを尋ねると，"今度一緒に遊ぼうね""お家に遊びにきてね"は言われて嬉しい，とのことであった。
> 　そして，こどもチームが答える番になると，A君は考え込み，Mthが＜"よろしく""はじめまして"とかは？＞と少しイメージアップしやすいよう伝えるとA君は「（そのことばは）初めてすぎる感じがする」と言って他にセンスのいいことばを探そうと考え込んだ。悩むA君に対し，すぐに思いついて"○○といいます。お友達になって"とすでに書いてしまったB君がA君の肩をトンとたたいて「自分が初めて会った人になんて言うか考えればいいんだよ」と

アドバイスをした。A君はそんなのわかっていると思っている感じでイライラした様子も見えるが，何も言わず考え込んだ。TimeUpが告げられても考え込んでいたが，A君は促され「しょうがないなぁ」と言いながら自分の中ではフィットしない感じを持ちながらも"よろしくお願いします"と記入した。発表の段階でA君はC君の"友達になろうよ。どこに住んでるの？ 今度遊ぼうよ"と書いたものに「あれいいね」とMthに伝え，フィットした感じを抱いたようであった。Mthは感想でA君がC君の言葉が良かったと言っていたことを皆に伝えた。

4) こどもの主体性を活かしたプログラム～こども企画～

【目　的】彼らは，日常の生活場面の仲間とのやりとりの中で，自分の意見や提案が採用されることは少ない。あるいは，彼らの受け身的な態度により意見や提案を述べることができないことや，それを発言する機会さえ与えられないこともある。ましてや，自分が主役になる体験，リーダー的な役割をとる体験には，なかなか恵まれない。

そこで，2学期（具体的には夏休み明けの9月以降）以降のセッションでは，

図8-10　こども企画：企画立案段階

こどもたちにグループで活動する内容について企画を立ててもらい，それをセッションの中で実現化できるようなプログラムを進めた。その狙いは，①自分の意見や提案が集団の場面で採用され，その活動をみんなで楽しむことができる体験を得ること，②グループのメンバーに対しての意識や配慮をして物事を考えていく体験を得ること，③自分のアイデアやイメージを具体化し，実現化していく達成感を得ること，④リーダー的体験，主役体験を得ること，とした。

【内　容】1セッションにつき，1名もしくは2名のこどもに企画者としての担当を割り当てた。どのような企画を立てるのかは，あまりプレッシャーを与えないように，数ヶ月前から企画を考えるように伝えておき，Mthとこどもの間で話し合いが具体的になってきた段階で，担当するセッションの日程を調整した。

　実際のセッションの中では，司会進行の役割やルール説明の役割を与え，そ

図8-11　こども企画：例

のセッションでのリーダー的，主役的役割で参加してもらった。

【留意点】企画はできるだけこどもの意見やアイデアを尊重する形で立てられた。こどもによっては，一人の力で自分のアイデアを実現化できる企画を作ることが難しい場合や，イメージが先行し現実的でない企画を立てる場合がある。そこで，Mthがこどもにそった形で，アイデアを引き出したり，具体的，現実的に企画を作っていけるように援助を行った。Mthの基本的関わりは，あくまでもこどもの側に立ち，こどもの意見にそって一緒に企画を作ることであった。提案された企画が危険な遊び，ルールが複雑すぎる遊びであるにもかかわらず，こどもがどうしても企画を変更，修正できない場合は，グループリーダーがその企画に対しての修正を求めた。頭ごなしに企画の変更・修正を求めるのではなく，どうしてその企画では難しいのかについて説明し，話し合った。その際にも，'自分だけでなく，みんなで一緒に仲良く遊べる場所'がもくもくグループであるので，その主旨をわかってほしいということを伝えた。Mthはあくまでもこども側の立場に立ち，どうしてその企画にしたいかをこどもの気持ちを代弁するようにグループリーダーと交渉した。こどもにとっては，自分の代わりに主張をするMthをモデルとして，自己主張をする経験をする。企画が決定されるまでの時間はかかるが，結果的には，お互いの意見をすり合わせる作業をしながら，自分が尊重され，対等に扱われているという体験を得ることができ，納得した上で企画が形になる。また，「みんなが楽しむ企画」，「みんなが出来る企画」，「みんなに危険がない企画」に焦点をあてて，考えて作業を通して，グループの仲間たちに対する関心や，配慮，他者への視点，他者からの視点を育てていくことにも繋がる。

エピソード8：こども企画プログラム取り組み当初のエピソード

"さむらい"という題名でA君が剣の戦いをやりたい，と企画を始めた。A君は，本物により近い戦いを目指して，剣をいかに硬く作るかに熱心になった。企画を一緒に練るMthとCthが，「体に攻撃すると痛いよ」と伝えるも「無理。それじゃぁ意味がない」と取り合わなかった。そこでMthとCth及びA君の3人でグループリーダーに企画書を提案した。そしてその企画書を見て，グループリーダーよりA君に依頼書を作成した。文面には"他の子や大人が怖がったり，

怪我をしたりしないように，剣の硬さを考えてください。体への直接攻撃はやめて，他の工夫をするようにしてください"といった内容を記述した。それを受け，A君はしぶしぶ，手足から紐をつるしてそこに命玉をつけ，その命玉を剣で落とされたら負け，という新しいルールをMthとCthと一緒に考えた。

　当日は，ルール説明でA君が作った剣など，自分がこだわった部分を長く説明し，ゲームを行う上で必要なルールが伝わりにくい様子が見られた。またデモンストレーションで相手役の大人の体に剣を斬りつけ，痛い思いをさせてしまった。審判より指摘を受けると「（ルールを）忘れてた」とのことであった。他児が戦う時は，A君はおしゃべりをしていたり，逆に体に剣をあててしまった他児の様子を見て「あいつは精神が壊れとる」と非難する様子が見られた。

エピソード9：こども企画プログラム経過後のエピソード

　"さむらい2"ということでA君が2回目の企画を行った。A君はこれまでのセラピストからの指摘を覚えており，「どうせ，剣を硬くしたらダメなんだろう」と最初から剣をいくつか作って持ってきて，どの剣だったら認めてもらえるかMthと交渉する姿勢を見せた。また，体への直接攻撃ではなく，命玉という提案をA君から持ち出した。

　当日は，A君が他のこどもに対して「相手の体を傷つけてはいけない」とルールを説明し，デモンストレーションにおいて，命玉をかっこよく落として相手を倒した。そして，実際のゲームの中でルール理解が難しいB君が，相手の体に攻撃をしてしまう様子を見て，審判に対し「今のはおかしい」と主張していた。

5）社会的スキルの向上を狙ったプログラム

【目　的】本グループのこどもたちは，自分の「できなさ」をある程度認識しており，他者への関わりに対して葛藤を持ち，社会的スキルを身に付けることについての動機付けを持ちにくい場合もある。そのような場合，社会的スキルの獲得を直接狙ったプログラムは効果的な援助にはなりにくい。しかし，上述した狙いのもとセラピーを進めていくと，他者と関わりたいという気持ちが生じ，さらには他者と関係を持ったり，持続させたりするために必要な適切な社会的スキルを獲得しようとする意識が生まれてくる。そうした頃に初めて自分

の問題に向き合うことが可能になってくると考えられる。その時には，社会的スキルの獲得に焦点をあてたプログラムを行うことが可能となると考えられる。

【内　容】　劇を用いて，学習したい社会的スキルを一つテーマに取り上げて，焦点をあてて取り組んでいく。例えば友達を作る練習の一つとして，「友達が使っているものを借りる場面」や「友達が遊んでいるところに入れてもらう場面」などを設定する。そして，こどもが参加できそうであれば，場面を作ってこどもに実際にリーダーが具体的に設定した不適切な場面や適切な場面を演じてもらい，その演じた感想を求めたり，またこども自身に自分が思ったように演じてもらって，その感想をメンバーに求めて自分の行動を振り返ったりしていく。また，セラピストが不適切な場面をリアルに演じて，こどもたちはその場面を見ていて，主人公の気持ちを推測したり，どういう行動をとったらよかったか，など考えていく方法をとってもいいであろう。

【留意点】　このプログラムはこどもたちにとって，日頃直面するようなトラブルや自分の問題に向き合う時間となるため，プログラムをさせられる体験とならないよう，自分自身のニーズとして受け止められるように，そして主体的に参加できるように導入することが大切であろう。そのために，こどもたちにきちんと「お友達を作る時に〜が難しいと感じる時あるよね。だからみんなで練習してみよう」とプログラムを行う目的を伝えることが大切であると考えられる。

　また，こども自身が演じることへの抵抗は当然考えられる。したがって，させられる体験ではなく，自分のニーズとして参加できるように，場面を演じるか否かは，こどもの自発性に任せていくほうがよいと，考えられる。場合によっては，セラピストだけで場面を演じてもよいであろう。その際，不適切場面のエピソードがリアルで特徴的になるように，観客となるこどもたちが見ているだけでリアルに感情移入できるように，しっかりとモデル提示を行うことが必要である。

　そして，こどもとセラピストと一緒になって，日頃，こどもたちが出会いがちな身近な場面で，思わず表出してしまう不適切なことばや行動について少し距離をおいて見つめ，振り返り，そして新しいやり方を一緒に真剣に考えてい

くようセラピストは援助していくことが必要である。

エピソード10：仲間に入れてもらう場面
　　　　　（＜　＞はセラピストの発言，「　」はこどもの発言）

　セラピストとこどもの希望者を募り，野球場面を設定した。そこで野球をしているグループに，一人セラピストが悪い例として，突然バッターボックスに立つこどもからバットを奪うという場面を演じてもらった。キャッチャー役をしていたセラピストが＜何すんだよ。割り込むなよ＞と突然入ってきた役のセラピストの肩を押して追い出す，という場面を演じて，一旦劇を止めた。
　そしてこどもたちに仲間に入れてもらうこどもに焦点をあて，感想を聞いていった。A君は「そりゃ，勝手に入ってバット取ったらいかん」＜どうしたらいい？＞「普通は，入っていいですか？と聞く。それから普通はバットを貸していいよっと言って，そして言われたら入るが，普通はそう簡単にはいかん…」と説明が長くなり，他の話題に変わっていきそうになるので，他セラピストが＜A君に賛成。入れてって言って相手に聞いたりするね＞とA君の意見をまとめて賛同した。一方，B君は仲間に入れてもらうこどもの不適切な入り方の行動面ではなく，追い出された時の気持ちに注意が向いたようであった。そして「追い出されたら，追い出されたら…ひどいよ。追い出すのはよくない」と追い出される側の気持ちになり，追い出し方の不適切な行動についてコメントした。そして，別のセラピストもまたB君の意見に賛同し，＜僕もそう思います。押したらいけんと思う。だって，追い出されたら嫌やもん＞と発言した。

9

グループセラピーにおける親の会

1. "親の会"の目的とその取り組み

(1) はじめに

　もくもくグループでは，「対人関係を上手くとれない」，「集団活動に参加できない」といったこどもを対象にグループセラピーを行っている。こうした問題を抱えるこどもたちは，他者と上手く関係をとれないというコミュニケーションの困難を抱えている。養育者は，学校をはじめとするこどもを取り巻く周囲の人々にこどもの困難性について理解を求めていくことが必要となるが，周囲の人々からは「変わった子」，「困った子」として認知されることが多い（東條, 2002）。そのため，単なるこどものわがまま，つまり養育者のしつけの問題と理解されることも多く，こどもの問題が発達的困難に起因するとは理解されにくいという現状がある。そのような現状の中で，養育者は，こどもの示す発達上の問題が「軽い」がゆえに生じる様々な困難を抱えることとなり（杉山, 2000），どのようにこどもや周りの人々に対応していいかと戸惑い，また周囲の人々から分かってもらえる体験の少なさから孤独感を感じることが多いと考えられる。

(2) 母親に対する心理的援助

1)"親の会"の重要性　これまで障害児を持つ母親に対する援助の重要性が示されており，こどもの抱える対人行動の困難に対する援助はもちろんのこと，そのこどもを支える母親への心理的サポートも同時に重要と考えられる。障害児を持つ母親に対する援助に関して，"親の会"の重要性が報告されている。"親の会"は，母親同士の仲間作りと相互の情報交換あるいは学習会として位置付けられ，そうした母親同士の話し合いの場で，母親たちは心にゆとりを持ち，安定したこどもとの接触を可能にしていくとの指摘がある。後藤ら(1981)は重度・重複障害幼児の集団療育の一環である母親グループの中で，こどもが共通の障害を持つ母親とのふれあいを通して，傷ついた心から立ち直るような支え合いの場となったと報告している。また重度・重複障害幼児の場合，彼らの動きそのものが，表面的・現象的に乏しいだけに，問題行動で手を焼くということはそれほど見られないかわり，発達の実感，母としての実感が得られがたいため，こどもの発達を共に確認し，喜び合ってくれる仲間の存在が重要と述べている。

　一方，先ほど述べたコミュニケーションに問題を持つこどもの場合，重度・重複児とは異なり表面化した行動に母親は戸惑うことが多いと考えられる。母親自身がこどもの抱える困難に振り回されることで，こどもが示す様々な行動を困った問題行動として捉えがちになり，行動の背景にあるこどもの気持ちに視点が向かない可能性がありえる。

　高機能自閉症・アスペルガー障害のこどもたちの家族への支援について，宋ら(2004)は，"親の会"において実際的なサポートが得られるほど，育児に対する負担感が小さくなると示した。これは，他者とのコミュニケーションが困難な我が子に対して，母親自身がこどもとどのように関わっていいのか困ることが多いため実際的なサポートを必要としていると考えられる。そのため，コミュニケーションに問題を持つこどもの母親には，母親同士の繋がりに加えて，母親がどのようにこどもの行動を理解していけばいいのかという，こども理解を促進する援助も必要と考えられる。

2)こどもについての理解の促進　我が子が障害を持って生まれてきた場合，母親がその障害を受け入れてこどもを育てていく過程には，色々な感情が

揺れ動くと考えられる。桑田ら（2004）は，発達障害児を持つ親の障害受容過程についての文献的研究を行い，障害児を持つ母親の受容過程は，障害の受容と我が子の受容という2つの側面があると指摘した。すなわち，障害受容は，単に障害を受容するだけではなく，その障害を持つ我が子の理解と言い換えることができる。

こどもの理解を深める援助に関して財部（2000）は，母親にこどもの様子をビデオでフィードバックすることで，"今，ここで"のメタ認知が高まり，こどもの理解が深まったと示している。これまで，こどもの療育活動の一環として"親の会"を構成する場合は，こどもと切り離した場所で，母親同士が語り合う活動についての報告が多い。しかし，こどもの理解を深めていくためには母子を完全に分離した活動だけでなく，財部の指摘するようなこどもの"今，ここで"の行動をフィードバックする活動も有効と考えられる。

(3) もくもくグループ"親の会"の取り組み

本章では，こどもの療育と並行した"親の会"の実践について報告する。

1）活動の狙い　もくもくグループでは，第2章で述べたように，こどもの示す行動特徴別にグループが形成されている。そのグループと並行して"親の会"を実施している。

"親の会"での主な狙いは，以下の通りである。

　①母親が，こどもの行動を幅広い視点から捉えられるようにこどもの理解を深める。
　②母親同士がお互いの悩みを共有したり，こどもの成長を喜べるような繋がりを深めることで，母親の受容体験を図る。

上記の狙いを目的とし，"親の会"では，基本的に各グループに1名のセラピストが担当として参加した。担当セラピストは，療育場面を母親と一緒に観察しながら，こどもの理解を深めることを目的としたフィードバックや，母親同士の繋がりをファシリテートする活動を行っている。

2）援助者の活動方針　"親の会"においてセラピストは，以下の3つの役割を心がけた。

　①こどもの細かな変化やポジティブな側面についてフィードバックを行な

う。
　　②母親間で話が共有されるように話題をファシリテートする。
　　③母親グループで語られた母親の要望や考えを，こどもの担当者やこどもの所属するグループへ伝えたり，こどもの担当セラピストが狙いとしていることを伝えたりという，こどもグループと母親の橋渡し的役割を担う。

　3）時間と頻度，期間　　こどもの療育グループに準じて，"親の会"グループが構成された。基本的に隔週1回，約90分行われた。こどもの療育活動時間中に，母親は観察室，もしくはモニターカメラから活動場面を見学する観察セッションを行うことを基本とし，2, 3ヶ月に1度の割合で，2〜3組の"親の会"グループが集まり，共同のセッションが設けられた。

　4）活動形態　　"親の会"の主な活動は，観察セッションと共同セッションの2つで構成されている。
①観察セッション
　母親とともに担当セラピストがこどもの療育活動を，モニター画面やマジックミラー越しで観察する。療育場面を共に観察しながら，セラピー中に見られるこどもの様子について，セラピストが母親に「どうしてその行動をとっているのか」と質問をすることで，母親にこどもの行動の理由を推測させることや，セラピストがこどもの変化を適宜フィードバックすることで，こどもの理解を深めることを主な目的とした。
②共同セッション
　こどもの療育から離れて，同じような困難を持つこどもを抱えた母親間や母親同士の交流を促し，母親の受容体験を図ることを主な目的として数グループが共同でセッションを行った。共同セッションでは，"親の会"担当セラピストが1名，グループのファシリテーターとして参加した。

2. "親の会"における具体的な活動

（1）観察セッション—こどもたちの活動を見ながら—
　1）形態　　通常，"親の会"の活動はグループごとに観察セッションが行わ

れた。観察セッションでは各グループの母親4～6名にグループ担当セラピスト1～2名が参加し，こどもの療育活動をモニターやマジックミラー越しに見ながら自由に話し合う形で行われた。その際，セラピストは療育活動の内容・目的の説明を行う中でこどもへの注意・理解を促すとともに，母親同士の会話の橋渡しをするファシリテーターの役割をとった。

2) 目的　観察セッションでは，療育活動の様子をリアルタイムに見ながら療育の目的や必要性への理解，こどもの持つ良い面や難しい面への理解を深めるとともに，こどもと向き合う中で互いに支え合う母親同士の繋がりを築いていくことを目的として行われた。

3) 実際の様子
①観察セッションの特徴

観察セッションの特徴として療育活動中のこどもの様子を直接見ながら行われることが挙げられる。モニターやマジックミラーを通してリアルタイムで活動の様子が伝わってくるため，こどものできること・できないことが母親には見えやすい。また，セラピストにとってはこどもの実際の活動を題材にこども

図9-1　"親の会"観察セッション

に対する認識を確認したり，こども理解を促したりすることが可能となる。また，目の前で実際に行われるこどもとセラピストとの関わりを通して，こどもにとっての療育活動の目的・必要性の理解を促すこと，家庭や学校での対応の仕方を具体的に伝えていくことが重要な役割となっている。

次に，観察セッションは年齢や特徴で共通したこどもを持つ母親のグループで行われることが挙げられる。こどものグループを構成する際こどもの年齢や特徴によって分けられるが，"親の会"も同じようなこどもを持つ母親によって構成されることとなる。そのため，家庭や学校でこどもたちが抱える難しさ，こどもへの思いや不安について互いの話を共感的に捉えられることが多く，母親同士の繋がりが生まれやすいように思われる。軽度発達障害を持つこどもとその母親にとって小学校・中学校の友達や保護者など周囲の人々に理解を求めていくことは必ずしもやさしいことではない。母親にとって自分の話をわかってくれる同じような立場の母親の存在は大きなものであり，実際，母親同士の繋がりを求めてもくもくグループを希望される方もおられるようであった。

②母親への具体的援助

母親自身もこどもと同様，もくもくグループへの参加が長い人・短い人，こどもの状態像の捉え方や療育への参加に不安が高い人・積極的な人というようにその特徴は様々である。それぞれにどのような援助を行ってきたか，下記ではいくつかの例を通して紹介したい。

(i) 新しく参加する母親への援助："親の会"への導入

「こういった場所に来るのは初めてで…」。もくもくグループに新しく参加する母親の中にはそのような方も多い。こどもの持つコミュニケーションの難しさとそれに向き合う母親の戸惑い，療育機関への期待と不安とを抱えながら，新しい集団，新しい場に自ら入っていくことはこどもと母親，両者にとって非常に大変なことである。そのため，母親への受容的関わりを通して，母親のこどもに対する，療育の場に対する不安の軽減が目的となる。

療育経験の少ない母親の特徴として，こどもについて「友達と遊べない」，「話が聞けない」などマイナス部分ばかりが気になってしまう，あるいはこどもの発達が「遅れていると思いたくない」など感情的にその状態像から目を逸らしがちになってしまうことも起こりやすい。もくもくグループの場であって

も，療育活動の様子を見ながら参加できていない場面が気になったり，目を逸らしたりしている一方，こどもがきちんと参加できている場面，楽しくやりとりをしている場面については気付きにくい傾向が見られる。特にこども自身が療育活動に馴染めずに部屋の外に出てしまう場合には，こどもの様子が見えないことへの不安，参加できないことへの焦りを強く感じるようであった。

このように，こどもの「できなさ」への思いのため，クライエントの発達像をきちんと捉えられていないことが問題として考えられる。そのため，セラピストは「以前に比べてきちんと話を聞いていますね」，「他のこどもが気になるみたいですね」など些細なことだが母親が気付けていないこどもの「できる」面を伝えていくこと，母親の話をしっかりと受け止めて聞くこと，こどもの姿が見えない時には実際に様子を確認して伝えることなど，セラピストが母親の不安を共有できる存在となれるように，また，母親がこどもをポジティブに捉えられるように関わりを行った。また，母親同士の会話での橋渡し的な介入を行うことで母親の不安の軽減，母親グループへの適応を促した。そのような取り組みの中，こどもが活動に参加できていく過程や母親同士の関係性の形成に伴って"親の会"に安心して参加する様子が見られてきた。

(ii) こどもを取り巻く人々との繋がり作りに向けた援助

親子ともに療育という場に慣れてきても，日常生活，学校での難しさがすぐに消えてなくなってしまうわけでは，当然ない。療育活動で経験したこと，できたことが日常生活の中で活かせることが療育の一つの目的である。そこにはこども自身の成長だけではなく，家庭での母親自身や家族，学校での先生や他児の『成長』も必要とされる。つまり，こどもが生活しやすい，交流を持ちやすい環境を一緒に調整していく姿勢が大切である。しかしながら，家庭・学校・療育の連携は理想通りにはなかなかうまくいかないものであり，"親の会"ではそれがこどもへの不安，学校や家庭への不満として語られることも多い。

セラピストや他の母親に不安や不満を語ってくれる母親に見られる傾向として，こどもにできるだけのことをしたいというやる気や期待が高いために，周りの対応に物足りなさを感じていたり，こどもの成長に焦りを感じたりしやすいことが挙げられるかもしれない。また，学校や家庭でのこどもへの対応をどのようにすればよいのか，どのように伝えればよいのかという実際的な難しさ

を感じているようである。もくもくグループでも，母親同士の会話の中で「先生にもっとこどもの気持ちを気にかけてほしい」，「こどもの障害について友達や他の保護者にどう説明すればよいのかわからない」，「夫や家族が協力してくれない，理解してくれない」などそれぞれに普段感じていることを口にされる。このような母親の抱える不安な気持ちに対しセラピストは，母親同士の話し合いのファシリテートや母親への個別的なアドバイス，学校との実際的な連携を通して，不安の軽減，問題の解決を目的に関わることとなる。

まず，母親同士の話し合いについて，母親同士がそれぞれの経験から互いに意見を述べ合う中で，母親自身が答えを求めようとする様子が見られた。その際，セラピストは母親の意見が偏ったものや一方的なものにならないように，皆が考えや体験を述べやすいように話題をリードした。このように母親同士が互いに支え合うことで"親の会"が自助グループとしての機能を持ち，それぞれの心の拠り所となりうることが重要である。

ただ，学校でのこどもの対応についてなど母親同士，あるいは母親と学校との話し合いだけでは解決しづらい問題にはセラピストが個別に対応することが求められる。例えば，通常，学校での対応への助言などは母親を通して担任の教師に伝えていただく場合が多いが，対応が特に難しい場合，他の母親と話題の共有が難しい内容である場合，障害の問題や就学相談など専門的な知識が必要とされる場合，母親と教師との意思の疎通が不十分な場合など，ケースに応じて個別的な対応を行っている。具体的には，"親の会"以外での個別面接を行うことでより深い内容を扱う，あるいは母親の了解を得て直接学校と連絡・連携を図っていくことが行われている。

以上のような取り組みを通して，母親の感じている不安や不満を心理的・環境的にサポートしていき，母親自身がこどもや家族にとって生活しやすい環境を整備していけるような力を育てていくことが大切である。

(iii) こどもの将来展望に向けた援助

こどもの持つ障害，難しさと母親が向き合い，受容していくには周囲のサポート，こどもへの適切な理解が重要であるとともに，ある程度の時間の流れが必要である。特に，こどもの難しさに気付いた頃や年少の頃は不安が先行したり，こどもの抱える難しさから目を逸らさざるをえなかったりと，こどもを受

容することへの難しさが示されやすい．そのような中で，家族の繋がり，母親同士の繋がりなど周りのサポートを受けながら，こどもが持つ長所を見ようとする，難しさを受け入れようとするこども受容への心の変化をたどっていくように思われる．それにより母親は，学校や家庭の中でこどもが興味を持ったこと，がんばれることに積極的にチャレンジさせ，こどもの持つ自分らしさ，自立を認めていきたいと願うようである．もくもくグループにおいて，こどもへの受容がある程度見られる母親にとっては，現在の生活をこども自身にとってより豊かなものにしていくこととともに，高校や就職，成人など今後の将来像について母親に寄り添い一緒に考えていくことが援助の目的となってくる．

こどもを受容的に捉えるということは，こどもを様々な視点で捉えることでもある．そのような視点を持つ母親は，もくもくグループの中では自分の経験から他の母親に助言をしたり，他の母親の話を共有したりとグループを円滑に進める上で中心的な役割を担う場合も多い．その反面，自分自身が助言を受けたり，サポートを受けたりといったことは比較的少ないように思われる．

こどもを過大評価，過小評価せずに見つめることは，生活の中で何ができて何が難しいか，どのような支援を必要とするかというこれからの人生設計を考える上で大切なことである．ただ，実際の問題として，こどもの障害と向き合う上では家庭だけで生活があるわけではなく，学校や施設，病院など様々な機関とコンタクトをとり情報を共有していくこととなるため，こどもの将来についてともに考え，情報を整理する手助けとなることがセラピストには求められる．そのため具体的には，"親の会"や個別面接で話し合う中で，多くの可能性の中からこどもにとってよりよい生活環境を考えていくためのサポート，生活環境の変化に伴って他機関との必要な情報の母親を通してのやりとり，こどもの将来像について母親同士の話題の共有などが行われてきた．その中で，それぞれの母親が自分なりの答えを見つけ，それをこれからの生活に活かせるよう援助していくことが大切だと考えている．

(2) 共同セッション
 1) **形態**　各グループは隔週1回，約90分の活動が行われるが，2，3ヵ月に一度の割合でこどもの活動時間中にそれぞれ同日に行われるグループの親同

表9-1 "親の会"共同セッションの狙いと内容

狙い	プログラム内容
イメージを通じた自己理解・こども理解	① ロールプレイを用いた自己・こども理解 （言葉を使わず，動作で相手に自分の伝えたいことを伝える） ② 母親同士がお互いを色，花，国にたとえて伝え合う 自分のこどもを色，花，国にたとえる ③ 動的家族画
リラックスする体験を提供	ペアリラクセーション

士が集まり，共同でのセッションを設けた。

共同セッションでは，セラピスト1名はグループのファシリテーター，1名は記録者として機能し，残るセラピストはメンバーとして参加した。

2) 目的　共同セッションは，母親同士の仲間作りと相互の情報交換に加えて，母親がこどもへの理解および自己理解を深めることを目的として行われた。母親同士の話し合いを通じ，母親たちは心にゆとりを持ち，安定したこどもとの接触を可能にしていくと考えられた。

3) 実際の様子　共同セッションの狙いと，用いられたプログラムを表9-1に示す。共同セッションで行われたプログラムは，イメージや動作を通じてこどもやこどもへの関わり方を客観化することを促進するものや，母親自身のリラックス体験，社会資源に関する具体的な情報共有を深めるものが選ばれた。

各回を通じ，"親の会"担当セラピストは，母親同士の活発な交流を促すとともに，どのようなことを発言しても受け入れられるような雰囲気作りを心がけた。また，グループメンバーとして参加したセラピストは，もくもくグループに参加して間もない母親や観察セッションで発言の少ない母親の近くに座り，発言しやすくなるよう言葉がけを行った。母親からこどもの問題について具体的に「困っている」という発言がなされた場合，ファシリテーターは，年長のこどもを持つ母親やかつて似た経験を乗り越えてきた母親に対し，これまで行ってきた工夫を尋ねるよう努めた。そのような働きかけが功を奏し，母親同士がお互いを気遣い，励まし合う場面が多く見られ，全体的に和やかに共同セッションが進んでいった。

以下に，いくつかの目的に応じたプログラムの実際を示す。各回ともウォーミングアップとして，体を動かす活動を行った後にセッションに導入した。また各回のプログラム後には，生活場面で困っていることにどのように対応するかということや，実際に利用しうる社会資源などについて具体的な情報交換が行われた。

①母親自身がリラックスする体験を目的にしたプログラム：リラクセーション法

　本プログラムでは，普段緊張やストレスを抱えている母親が，自分の身体に目を向け，ストレスマネジメントを行えるよう援助することを目的として，肩の緊張・弛緩を中心としたペアリラクセーションを行った。まず，ウォーミングアップにおいて，ファシリテーターが手拍子する数を聞いて，同じ人数で集まるという課題を通じ，ペアを作った。その後，お互いの肩を揉み，感じたことを伝え合う課題や，一方の肩に手を置いて下方向の力をかけ，置かれた方が上方向に肩を上げて力を入れた後にすっと力を抜く課題などを行った。「凝っていますね」，「疲れていますか？」とことばをかける様子が見られ，参加した

図9-2　親の会共同セッション

母親は日頃の労をねぎらわれる体験をしていたようである。
②イメージや動作を通じてこどもやこどもへのかかわりかたを客観化するプログラム
(i) **ロールプレイを用いた自己・こども理解**
　ロールプレイでは，ペアを組み，言葉を用いずに相手に自分のしてほしいことを動作で伝えるという課題を設定した。ロールプレイを導入した背景としては，実際の関わり方を考えてもらうこと，こどもの気持ちを実感として理解してもらうこと等が挙げられる。終了後，「いかにいつもことばに頼っていたかに気付いた」，「大人の立場で伝えていて，こどもの目線に立っていなかった」などの気付きが見られ，こどもに関わる際に，言語的にも非言語的にもわかりやすくなるよう工夫することへの動機を高めたことが推察された。
(ii) **イメージにより自己・こども理解を促すプログラム**
　本プログラムでは，ウォーミングアップを通じて母親同士が2，3人のグループを作り，お互いを《色，花，国》にたとえて伝え合うことを前半行い，後半は，自分のこどもを《色，花，国》にたとえて発表を行った。自分についてたとえられた後には，「自分がどんなイメージで捉えられているのかなど思いもよらなかった。つい，こどもがいて，私がいるような捉え方をしていた。若い時はどんな風に見られているかを気にしていたのに…」という感想が見られ，一人の人間としての自分を振り返る時間となったようである。こどもをたとえる際には「花にたとえると一人ですっと立ってほしいからたんぽぽ」等の発言があり，子を思う母親の気持ちが表明されていた。「こどもへのイメージを口にした後，それを客観的に見ると，こどもへの接し方や思いがあらためて意識されるような気がする」等の感想からは，こども理解にあたっての新たな視点を，母親が手に入れたことが窺える。
(iii) **描画を通じ自己・こども理解を促すプログラム**
　動的家族画は，「あなたとあなたの家族が何かしているところ」という教示を行い被検者に描画を行ってもらう投映法の一種である。用具は，A4の画用紙およびHBの鉛筆を用いた。動的家族画は描画者の持つ家族成員への感情や家族とのコミュニケーションを意識的・無意識的に表すこと（加藤，1986）が示されている。描画中は，集中して取り組む人もいれば，「絵は描けない，難

しい」と描画行為自体に抵抗を示す人もいた。描画後の感想においては,「積極的な弟にはよく関わるが,この絵を見ると,兄の背中を見ることが多い,つまり兄との関わりが少なくなっている自分に気付く。家族の状況がよくわかるので参考になる」と普段意識をしていなかった自分の関わり方に家族画描画を通して目を向けることができた母親もいた。また,「休日はドライブに行くようにしていてその場面を描いた。家族の共有部分を大切にしたい」と意識して関わろうとしている面を再認識している人も見受けられた。一方,「絵を描くのは苦手」と,描画に向かう困難,評価への不安を挙げる母親も見られ,課題の選択,提示の仕方等の工夫についての問題も残された。

4）共同セッションのまとめ

共同セッションは,母親同士の仲間作りと相互の情報交換に加えて,母親がこどもへの理解及び自己理解を深めることを目的として行われた。以下に,共同セッションが果たした機能について考察する。

①母親自身の受容体験

観察セッションでは,療育場面で生じた行動を基に母親同士の話が展開していったのに対して,共同セッションでは家庭での対応や教師との連携のとり方,きょうだい児について等話題の幅が広く,様々な母親から意見が交換された。共同セッションについて「一歩踏み込んだ話ができてよい」という感想が見られたことから,観察セッションよりも深いレベルでの話の共有,受容体験がなされていたと考えられる。

②ストレスケア

共同セッションでは,ゲーム性の高い活動や母親自身のリラクセーションを行う等,こどもと離れて活動を行った。このような活動の後には「終わった後スッキリしている」,「私自身のストレス発散」という感想が見られたことから,母親自身のストレスケアの機能を果たしていたと考えられる。また母親自身が余裕を持つことができるにはどうしたらよいかということについても話題が広がる等,母親役割だけでない自分自身というものについて考える場にもなっていることが感じられた。

③こども理解・母親自身の自己理解

共同セッションにおいて,イメージや非言語的な表現方法を取り入れること

は，母親自身が普段目を向けにくいような側面を意識化することに繋がったと考えられる。普段のこどもを捉える視点と別の角度から見つめ直す機会となり，自己理解，こども理解を促進するような新たな視点を提示できていると思われる。そして，その意識化は，お互いのことを思いやるという守られた空間の中で行われ，不当に傷つけられることのない状況で進むため，母親にとって受け入れやすいものと考えられる。

共同セッションでは，セラピストは母親同士の話を促進するとともに，「○○の母親」ではなく自己を表現することやストレスケアへの体験を提供したと考えられる。1年を振り返った感想には，「多くの人と話したり意見を聞くことで前向きな気分になれる」，「周りに相談できる保護者がいないので，ここで生の情報を教えてもらえたり相談にのってもらえる」等が見られた。

対人関係をうまくとれないこどもを持つ母親は，こどもの行動が周囲に誤解されることも多く，母親自身が学校や地域における仲間関係を作りにくいことが推察される。そのような母親にとって，"親の会"は，自分の悩みや思いを素直に語れる場であり，自己の気持ちを他者と共有し，受け入れられる体験を提供したと考えられる。セラピストは，母親同士の繋がりを促進する関わりを行っており，そのような関わりが，母親がお互いに援助者になるような相互支援的な関係への発展に有用だったと考えられる。

留意点として，本グループには年間を通して新規の参加者が多く，グループ経験の長い母親と新規に参加した母親との間に，こどもの障害の捉え方の差があったことが挙げられる。こどもの障害受容が進んでいない母親にとっては，共同セッションにおける周囲の母親の発言がこどもの障害に直面化することに繋がる場合もあった。そのような母親に対しては，セラピストが個別に面接し，母親の戸惑い等を言語化する手助けをするなどして，こどもの障害を母親が無理なく受容できるような配慮を行う必要があると思われる。

3. "親の会"の意義──結びに代えて──

もくもくグループで行われた"親の会"の意義について，母親のこども理解の視点及び母親間の繋がりの視点から述べる。

3. "親の会"の意義—結びに代えて—

(1) "親の会"各グループの特徴
　本活動は，こどもの特徴や年齢の違いによってグループが構成されているため，同じ他者とのコミュニケーションに困難を持つこどもの母親でも，より共通した悩みを持った母親グループが構成されたと考えられる。各"親の会"グループに見られた特徴について以下に述べる。

(i) **就学前～小学校低学年のこどもを対象としたグループの"親の会"**
　・こどもの療育活動の様子に目を逸らす等，まだ母親がこどもの状態をつかめていない様子が多く見られた。
　・学校の先生との連携や，学校行事への参加についての不安が多く語られた。

(ii) **小学校高学年～中学生を対象とした"親の会"グループ**
　・中学卒業後の進路についての不安が多く語られた。
　・思春期にさしかかった我が子に対する対応方法について多く語られた。

　以上のことから，コミュニケーションに困難を持つこどもの母といっても，こどもの年齢によって異なる悩みを抱えていたことがわかる。
　一方，どのグループでも共通した特徴として，こどもの療育場面を観察しながら「また活動に入れていない」，「一人でしゃべっている」等，こどもが普段学校等の集団場面で問題とされている行動について目が奪われがちであった。

(2) こども理解の深まり
　観察セッションにおいて，就学前や小学校低学年のグループの"親の会"では，こどもの療育の場面を熱心に見つめることが多く，初期の頃は母親間の話もあまり見られなかったことが共通していた。特に就学前のこどもが多いグループで，その傾向は顕著であった。母親は，こどもの年齢がまだ幼い時は，こどもの発達状態をどう捉えていいのか戸惑いがあると考えられる。就学前にある子の母親は育児に負担を感じている（倉重・川間，1996）という指摘があるが，本"親の会"でも見られたこどもへの理解の難しさも，育児への負担の要因の一つであろう。
　就学前～小学校低学年グループの"親の会"では，セラピストは主に母親の

こどもの捉え方を確認しながら，母親の捉えきれていないこどもの様子や変化してきた面のフィードバックを行った。この活動を通して，こどもの行動をネガティブに捉える母親に対して，まだ捉えきれていないこどもの側面についての視点を提供することに繋がったと考えられる。

一方，小学校高学年〜中学生グループの"親の会"では，同じ観察セッションにもかかわらず，学校の話やこれから迎える思春期に向けての不安を他の母親と語り合うことが多く，こどもの療育場面に目がいかないことが特徴的であった。

小学校高学年〜中学生を持つ母親は思春期にさしかかるこどもの発達に伴い，今までと同じ対応ではうまくいかなくなり始めたことに対して不安が高まっていたと考えられる。そこでセラピストが，母親の持つ不安を他の母親との間で話題として共有することを促進するとともに，療育場面においてこどもが変化してきた点を随時フィードバックすることを行った。その結果，次第にこどもの成長に伴った母親の捉え方の変化が垣間見られるようになったと考えられる。

1年を振り返った感想からは「一緒に見ていただくと自分だけの見方と違い，

図9-3 こども理解の深まり

3. "親の会"の意義―結びに代えて―   197

表9-2　1年を振り返っての感想（抜粋）―観察セッション―

group	観察セッション
就学前～小学校低学年グループ	一緒に見ていただくと自分だけの見方と違い，色々と違った見方をしていただいたり意見をしていただいたりして多様な見方ができる。
	色々な子どもがどんなことをしているのかわからないけど，親のいない時の子どもの様子が見られるのでとてもいいです。
	音声が聞き取りにくい時，子どもの突拍子もない姿を見るとどうしても悪い方悪い方に考えて落ち込みそうになるのですが，そんな時声をかけてもらうと救われます。ありがとうございます。
	コメントをもらったりアドバイスをしてくれたりするのが自分の子どものことではなくても参考になる。
小学校高学年～中学生グループ	その時々で気になったことをすぐに答えてもらえるので助かります。
	何をやっているのか内容がわかりやすい。

色々と違った見方をしていただいたり意見をしていただいたりして多様な見方ができる」，「こどもの突拍子もない姿を見るとどうしても悪い方悪い方に考えて落ち込みそうになるのですが，そんな時声をかけてもらうと救われます」等（表9-2）が見られた。こどもの特徴や年齢によって，母親の抱える悩みは異なるにしろ，"今，ここで"生じた行動に新たな視点を提供することで，こどもの理解を深めると考えられる。

また，共同セッションの活動の中で，イメージや非言語的な表現方法を取り入れることは，母親自身が普段目を向けにくいような側面を意識化することに繋がったと考えられる。普段のこどもを捉える視点とは別の角度からこどもを見つめ直す機会となり，こども理解を促進するような新たな視点を提示できたと思われる。

最後に，"親の会"の中でセラピストは，母親が不当に傷つけられることのない空間作りを心がけた。そのような安心できる環境が，こども理解を深めるベースとして不可欠である。

(3) 相互支援的関係への発展

観察セッションでは，セラピストはこどもの様子をフィードバックするとともに，母親の感じる不安や気になっている点を他の母親と話題として共有する

表9-3 1年を振り返っての感想（抜粋）―共同セッション―

group	共同セッション
就学前〜小学校低学年グループ	色々な方の意見やこどもに対する接し方等が聞けてよかったです。
	色々な保護者の方の考え方や、こどもさんの様子がわかり参考になりました。親しくなるためのきっかけ作りに色々な形で保護者同士が話し合える機会がありよいと思います。
	他の親の方々の話はとても参考になります。色々なことを再確認したりとてもいいです。
	それぞれ色々な悩みがあることで話をしたり聞いたりして勉強になった。
	普段はビデオを見ていたりするので、一歩踏み込んだ話ができていい。
小学校高学年〜中学生グループ	情報交換ができて助かります。
	みんな強いな、頑張っているなと思いました。

ようなファシリテートを行った。

　各グループによってトピックとなる話題は異なるものの、母親は自分と同じような経験を持つ母親から話を聞くことで、母親からは「コメントをもらったりアドバイスをしてくれたりするのが自分のこどものことではなくても参考になる」等の感想（表9-2）が見られた。母親は、似たような悩みを持つ人と出会ったり、似たような状況に対処してきた人の体験を聞いたりすることで、自己の身にだけ降りかかった出来事ではないという気付きに繋がったと考えられる。

　また回が進むにつれて、こどもが活動に入れないことを気にする母親に対して、他の母親から「でもさっきは頑張っていた」「最近落ち着いてきた」等の発言が見られるようになり、お互いに支え合う関係が成立していく様子が各グループに共通して見られた。

　観察セッションでは、療育場面で生じた行動をもとに母親間の話が展開していったのに対して、共同セッションでは家庭での対応や教師との連携のとり方、きょうだい児について等話題の幅が広く、色々な母親から意見が交換された。共同セッションについて「一歩踏み込んだ話ができてよい」という感想（表9-3）が見られたことから、観察セッションよりも深いレベルでの話の共有、受容体験がなされていたと考えられる。

　また、共同セッションでは、ゲーム性の高い活動や母親自身のリラクセーシ

ョンを行う等，こどもと離れた活動を行った。このような活動の後には「終わった後スッキリしている」，「私自身のストレス発散」という感想が見られたことから，母親自身のストレスケアの機能を果たしていたと考えられる。また母親自身が余裕を持つことができるにはどうしたらよいかということについても話題が広がる等，母親役割だけでない自分自身というものについて考える場にもなっていることが感じられた。

以上のように，"親の会"では，母親自身の感情にも焦点を当て，こどもを育てる上で感じる様々なストレスやつらさを軽減する活動を行った。保護者自身の変化として1年を振り返った感想を参照すると，「母子ともに息抜き，楽しみの一時となりました。多くの人と話したり意見を聞くことで前向きな気持ちになれる」，「安心できる。周りに相談できる保護者がいないので，ここで生の情報を教えてもらえたり相談にのってもらえる」等の感想（表9-4）が見られた。

表9-4　1年を振り返っての感想（抜粋）－保護者の変化として－

group	保護者の変化
就学前～小学校低学年グループ	母子ともに息抜き，楽しみの一時になりました。多くの人と話したり，意見を聞くことで前向きな気持ちになれる。
	ここは子どもの療育とともに，保護者のリフレッシュの場所でもあるように思われます。健常児の保護者にはどう説明してもわからないことが多いので，同じ環境の保護者と話せるだけで安心できるし，コンプレックスを感じずに本当の悩みが打ち明けられる。
	安心できる。周りに相談できる保護者がいないので，生の情報，本当に役立つ話を先輩の保護者の方に教えてもらえたり，相談にのってもらえるので，私はここが1番ストレスを感じなく済む。
	親の気持ちがこどもの行動に反映されると思うので焦らないで人と比べないで，我が子を受け入れる姿勢を学んでいます。
	仲間がいるという安心感と同じ痛みを知っている人たちだからこそ信頼して話ができて心強いです。私自身が癒されていると思います。
	あまり焦ることなくありのままのこどもの姿を受け入れられるようになった。
	視野が広がりこどもの態度に一喜一憂しなくなってきた（かな？）
	ひとりでくよくよ悩まなくなった。
小学校高学年～中学生グループ	軽度児の情報が少なかったので同じ立場のお母さんたちと話をして気持ちが楽になりました。
	悩みが共有していたりする。話をするだけで気持ちが軽くなった。
	少し前向きに考えようと思いました。

以上のことから，対人コミュニケーションに困難性を抱えるこどもを持つ母親は，子の行動が周囲に誤解されることも多く，母親自身が学校や地域における仲間関係を作りにくいと考えられる。そのような母親にとって"親の会"は，自分の悩みや思いを素直に語れる場であり，自己の気持ちを他者と共有し，受け入れられる体験となったと考えられる。そのような受容体験を通して，悩みを抱えているのは自分一人ではないことに気付くことは，こどもに新たな気持ちで向き合う糧になるであろう。

　セラピストは，観察，共同セッションとも一貫して母親間の繋がりをファシリテートする関わりを行った。そのような関わりが，母親がお互いに援助者になるような相互支援的な関係への発展につながったと考えられる。

(4) セラピストの果たした役割

　観察セッションにおいて，セラピストが母親の捉えきれていないこどもの側面を随時フィードバックすることは，母親のこども理解の幅を広げることに有用であったと考えられる。一方共同セッションでは，セラピストは母親の話題

図9-4　"親の会"を通してのつながり

を促進するとともに，○○の母親としてではなく自己を表現することやストレスケアへの体験を提供したと考えられる。また，両セッションを通じて母親間の繋がりが持てるように配慮した。1年を振り返っての感想では「ここはこどもの療育とともに保護者のリフレッシュの場所であるように思う。健常児の保護者にはどう説明してもわかってもらえないことが多いので，同じ環境の保護者と話せるだけで安心できるし，コンプレックスを感じずに本当の悩みが打ち明けられる」，「あまり焦ることなくありのままのこどもの姿を受け入れられるようになった」（表9-4）等が見られた。このことから，他の母親間で話題を共有することは，母親が受容される体験となり，相互支援的な関係に繋がったと考えられる。さらに，自分のこどもを客観的に捉え直す機会にも繋がったと考えられる。

本活動の特徴として，1年を通して新規参加者がいることがあるため，セラピストは新規参加者がグループに溶け込めるように母親間の話を促進した。すでに構成されているグループの中に入ることは，母親にとっても緊張する場面である。そのためセラピストが間に入り，積極的に話を繋げていくことは，母親間を繋げる役割を担ったと考えられる。

最後にセラピストの役割として，母親グループで話された情報をこどものグループや担当セラピストに，またこどもグループや担当セラピストの活動の狙いを母親に還元した。母親からは「その場で説明してもらえるのでわかりやすい」という感想も見られたことから，療育活動の解説者の役割も果たしていたであろう。また担当セラピストとのパイプ役ともなっていたと考えられる。

(5) 今後の課題

"親の会"の活動の中に，観察セッションを取り入れたことはこども理解を促すことに有用だったと考えられた。しかし，一方で，こどものリアルな行動を見ることはこどもの抱える困難に直面化することになる。特にこどもの年齢が低い場合は，母親は障害を告知されて間がなく，母親の中には，こどもの活動の様子から目を背ける様子も見られた。また，共同セッションでも，年長の他のこどもの様子を聞くことは，否が応でもこどもの障害に向き合う体験となる。そのため，セラピストは単にこどもの理解を促すために，こどもの様子の

フィードバックを行ったり，母親同士の関係をファシリテートするのではなく，母親のこども理解の状態を把握し，その状態に応じた援助を行う必要がある。また，今後，一人でも多くの養育者が子育てを"楽しい"と感じ，生き生きと子育てを行えることをめざして，セラピストは，個々の養育者の心情を理解し，必要に応じて個別的な心理的援助を行う等，よりきめ細かいサポート体制を深めていきたい。

【文　　献】

後藤秀爾・村上英治ら　1981　重度・重複障害幼児の集団療育（2）―グループ活動を通しての母親の動き―　名古屋大学教育学部紀要，125-134.

石倉健二・岡嶋一郎・鬼塚良太郎・古賀　聡・松成めぐみ・山野留美子・川村由紀・田中浩司　2001　コミュニケーションの困難なこどもに対する集団心理療法の試みとその効果　pp.15-25.

加藤孝正　1986　動的家族画（KFD）　家族画研究会（編）　臨床描画研究　金剛出版　pp.87-103.

倉重由美・川間健之介　1996　障害児・者を持つ母親の受容過程　研究論叢 第3部 芸術・体育・教育・心理　pp.19-29.

桑田左絵・神尾陽子　2004　発達障害を持つ親の障害受容過程についての文献的研究　九州大学心理学研究，**5**，273-281.

宋　慧珍・伊藤良子・渡邊裕子　2004　高機能自閉症・アスペルガー障害の子どもたちと家族への支援に関する研究――親のストレスとサポートの関係を中心に　自閉症スペクトラム研究，**3**，11-22.

杉山登志郎　2000　発達障害の豊かな世界　日本評論社

東條吉邦　2002　自閉症スペクトラムの児童生徒への特別支援教育―高機能自閉症及びアスペルガー症候群を中心に―　自閉症スペクトラム研究，**1**，25-36.

遠矢浩一　1996　もくもくグループの開設に当たって　発達臨床心理研究，**2**, 75-76.

財部盛久　2000　話しことばのない精神遅滞幼児をもつ母親に対するビデオ・フィードバックと自己記録を用いたコミュニケーション支援　琉球大学教育学部障害児教育実践センター紀要，**2**, 45-59.

索　引

あ
秋の遠足　*108*
アスペルガー障害　*115, 182*
アスペルガー症候群　*132*
遊び性　*9*
あっち向いてほい　*68*
意識付け　*92*
居場所　*7*
イメージ　*192, 193*
　──遊び　*136*
イライラ棒をやっつけろ　*169*
インテーク　*21*
インベーダーゲーム　*160*
インリアルアプローチ　*45*
ウォーミングアップ　*30*
AD/HD　*1, 115, 143*
LD　*1*
王様とおおかみ　*98*
王様ドッヂボール　*126*
お絵描き　*67*
おおかみさん今何時？　*52*
おなまえよび　*48*
お店屋さんとお客さん　*111*
親の会　*13, 19*

か
カームダウン・クールダウン　*122*
カタルシス　*21*
かもつれっしゃ　*51*
からかい行動　*42*
感覚運動的遊び　*28*
観察セッション　*184, 185, 190, 193, 196, 198*
カンファレンス　*81*

器質的　*143*
機能的アセスメント　*3*
機能分析　*3*
きゅうりのしおもみ　*49, 67*
共同セッション　*184, 189, 190, 193, 194, 198, 200*
グループ・リーダー　*19*
計画的無視　*42*
軽度知的障害　*143*
軽度発達障害　*1*
劇化　*31, 138*
コ・セラピスト　*17*
コ・リーダー　*19*
行為化　*133*
行為表現（アクション・メソッド）　*32*
高機能自閉症　*1, 2, 115, 143, 182*
構造化　*86*
行動と思考の柔軟性　*12*
広汎性発達障害　*115, 134, 143*
こども企画　*35, 175*
こどもチーム　*163*
こども理解　*193*
個別支援集団心理療法形式　*13*
コミュニケーション　*69*
語用論的技法　*45*

さ
サッカー・パス＆シュート　*160*
3項関係（relatedness triangle）　*5*
シェアリング　*31, 156*
ジェスチャークイズ　*134*
ジェスチャーしりとり　*106*
自己紹介　*64*
自己調整　*150*

自己評価　85
自己表現　45, 64, 132, 138, 167
思春期　144
自尊心　146
自閉性障害　132
島にあがって「助かった！！」　130
社会的志向性　12
社会的スキル　164
シャドウ（影）になれ！！　162
集団の均質性　15
重度・重複障害幼児　182
受容と共感　10
障害受容　183
障害理解　155
状況認知　83
情動　4
身体接触遊び　68
心理劇　18, 30, 132, 133
心理劇的手法　89, 168
ストレスケア　193, 194, 201
ストレスマネジメント　191
スモールステップ　60
生活年齢　12
節分だ！オニをやっつけろ　131
背中文字　162
セラピューティック・アクティビティ　10, 34
セラピューティック・トライアングル　17
せんせいとおともだち　47
相互支援的　200, 201
　　──関係　200
相互主観性
　第1次──　4
　第2次──　4
相互性　9
創造性　84

た
体験的現実性　32, 33
宝を守れ　127
他己紹介　71
多動性・衝動性　117
　　──・注意の転導性　12, 117
WISC-III　25
ダブル（二重自我法）　18, 31, 121
だるまさんがころんだ　73
だるまさんの一日　137
誰のとなりかな？　128
知的発達水準　11
注意獲得行動　42
注意の転導　84
　　──性　117
つなひき　165
DAGs　9
ディレクター　19
伝言ゲーム　69
動的家族画　192
特別支援教育　1
どっちの○○SHOW〜もくもく版〜　171
トライアングル　80
トラブル場面　61

な
なりきりヒーロー　167
なんでもバスケット　129
二者関係　159
2人3脚リレー　103
認知的能力　144

は
発達障害　132
場面・状況認知　144
非言語的手段　89
ファシリテーター（facilitater）　20, 190, 191
ファシリテート　13, 184, 200, 201
フープ通しゲーム　101
防衛的態度　147

補助自我　　30, 34

ま
ミーティング　　23
見えないなわとび　　93, 94
ミラー　　18
ミラーリング（鏡映法）　　31, 121
胸にGoodくることばを捜せ！！　　173
メインセラピスト　　17
もくもくグループ　　15
もくもく版鬼ごっこ　　165

や
役割演技（ロールプレイング）　　30, 31
役割関係　　32
役割の交代　　68
友人関係　　8

ら
来談者中心療法　　15
rigidity　　40
リラクセーション　　191, 198
劣等感　　146
ロールプレイ　　192
ロールリバース（役割交換）　　31

わ
我―それ関係（I-It relatedness）　　5
我―汝関係（I-thou relatedness）　　5

【執筆者一覧】

監　修
　　針塚　　進（筑紫女学園大学 教授）
第1章
　　遠矢　浩一（九州大学 教授）
第2章
　　石倉　健二（兵庫教育大学 教授）
　　遠矢　浩一（同 第1章）
第3章
　　古賀　　聡（九州大学 准教授）
第4章
　　飯塚　一裕（愛知教育大学 准教授）
　　鬼塚良太郎（九州龍谷大学 教授）
　　井上久美子（西南学院大学 准教授）
　　黒山　竜太（熊本大学 准教授）
第5章
　　橋本亜希子（山口大学附属病院 助教）
　　松尾　伸一（株式会社LITALICO 就労移行支援事業所LITALICOワークス博多指導員）
第6章
　　杉本　有紗（西南女学院大学 講師）
　　山崎　由紀（医療法人寿栄会本間病院 公認心理師・臨床心理士）
第7章
　　中村　真樹（鹿児島大学 准教授）
　　石川須美子（別府大学 准教授）
第8章
　　岡嶋　一郎（西九州大学 教授）
　　池田可奈子（福岡女学院大学 准教授）
　　平山　篤史（沖縄国際大学 准教授）
第9章
　　金城　志麻（琉球大学 准教授）
　　税田　慶昭（北九州市立大学 准教授）
　　中園　照美（西九州大学 准教授）
挿　絵
　　佐藤　　綾（医療法人淡窓会大分友愛病院 公認心理師・臨床心理士）

監修者
針塚　進（はりづか・すすむ）
現　　　職：九州大学名誉教授　筑紫女学園大学教授
最終学歴：九州大学大学院教育学研究科博士課程（1977年），教育学博士
主　　　著：『健康・治療動作法』（学苑社，2003年，共著）
　　　　　　『臨床心理学の新しいかたち』（誠信書房，2004年，共著）他

編著者
遠矢浩一（とおや・こういち）
現　　　職：九州大学　人間環境学研究院　教授
最終学歴：九州大学大学院教育学研究科博士後期課程（1992年），博士
　　　　　（教育心理学）
主　　　著：『親と先生のための自閉症講座』（ナカニシヤ出版，2000年，翻訳）
　　　　　　『自閉症児の「きょうだい」のために』（ナカニシヤ出版，2003年，翻訳）
　　　　　　『障がいをもつこどもの「きょうだい」を支える』（ナカニシヤ出版，2009年）他

軽度発達障害児のためのグループセラピー

2006 年 7 月 30 日	初版第 1 刷発行	定価はカヴァーに表示してあります
2020 年 5 月 30 日	初版第 3 刷発行	

　　　　　　　　監修者　　針塚　進
　　　　　　　　編著者　　遠矢浩一
　　　　　　　　発行者　　中西　良
　　　　　　　　発行所　　株式会社ナカニシヤ出版
　　　　　　　　〒 606-8161　京都市左京区一乗寺木ノ本町15番地
　　　　　　　　　　　　　　Telephone　075-723-0111
　　　　　　　　　　　　　　Facsimile　075-723-0095
　　　　　　　　　　　Website http://www.nakanishiya.co.jp/
　　　　　　　　　　　Email　iihon-ippai@nakanishiya.co.jp
　　　　　　　　　　　　　　郵便振替　01030-0-13128

装幀＝白沢　正／印刷・製本＝ファインワークス
Copyright © 2006 by S. Harizuka & K. Toya
Printed in Japan
ISBN978-4-7795-0042-8